KB239865

다시 주목받고 있는

MENA Market

중동의 요동치는 **민주화 열풍**에서
코리아 마케팅까지

다시 주목받고 있는 MENA Market

중동의 요동치는 **민주화 열풍**에서 **코리아 마케팅**까지

임은모 지음

이담 Books

요즈음처럼 아랍어가 우리 일상에서 회자되고 있는 것은 매우 드문 일이다. '타흐리르'로 시작해 '허리야'와 '인샬라'가 그 대표적인 단어다. 이제는 '히티스테'까지 각종 언론매체를 도배하고 있다. 여기서 타흐리르는 '혁명'을 지칭하고, 허리야는 '자유'를 말한다. 반면 인샬라는 '알라의 뜻대로'인데 16억 무슬림의 일상적인 인사말에 자주 등장한다.

또한 히티스테는 아랍어로 '담벼락'이라는 의미로 최근 중동지역(Middle East)과 사하라사막 이북의 아프리카(North Africa)를 아우르는 미나지역 시장(MINA Market)에서는 청년실업자를 지칭한다. 바로 20대 백수가 그들이다. 어렵게 대학을 나왔어도 마땅한 일자리가 없어 담벼락에 기대어 서서 내일을 그려보는 청년 백수의 다른 아랍어의 표현에 해당한다. 그러나 이 히티스테들이 큰일을 내고 말았다. 문명사적 대변혁의 단초를 풀면서 결국 튀니지발(發) '재스민 혁명'에 불을 댕겼고, 지금은 '아랍의 봄'의 주역이 되었다.

페이스북과 트위터로 대변되는 '스마트시대'에서의 "TGiF 주역"으로서 디지털 문화를 통해 전 세계의 청년층이 일상화되었다. 그 결과 오늘날처럼 페이스북과 트위터는 철옹성과 같은 아랍 세계의 왕정과 공화정 등에 대한 변혁의 들불을 지폈다. 이로 인해 벤 알리 튀니지

정부는 23년의 독재체제를 마감했고, 호스니 무바라크 이집트 정부도 30년 철권체제에 종지부를 찍었다. 아랍 전역이 그 후폭풍으로 전전 긍긍하고 있다. 시리아와 예멘은 더 긴 시간을 견디어야 될 모양이다. 역사 교과서를 들춰 보면, 1952년 가말 압델 나세르가 쿠데타로 무하마드 알리 왕조의 파루코 왕을 축출하고 이집트를 공화정체제로 만든 이후 60년 만에, 아랍 세계는 다시 가히 혁명적 수준의 변화를 요구받고 있다.

덩달아 세계는 미국의 국가신용등급 하강에 따라 글로벌 금융위기를 맞았고 그 연장선상에서 리비아 사태로 다시 고유가 시대를 맞고 있다. 2010년 12월 30일 두바이산 국제유가가 1배럴당 88.88달러이던 것이 올해 3월 15일을 기준으로 110.07달러로 치솟고 있다. 단순 계산으로도 석 달 만에 21.19달러나 올랐으니 세계경제가 요동치는 것도 당연하다. 예상되지 않았던 변수인자였다.

그러나 현대 경제사가 그래 왔듯이 중동지역의 민주화 요구가 진정되고 새로운 정치질서가 발족되면 이러한 장애물은 없던 일이 되기 마련이다. 최근 한국을 방문한 비센테 폭스 전 멕시코 대통령은 "중남미에서 1980~1990년대 겪었던 것과 같은 민주화 열풍을 지금 중동에서도 겪고 있다"면서 "중동지역 민주화 이후 세계경제는 번영할 것이다"라고 전망했다.

이러한 긍정적 전망치가 나오는 배경에 따라 이 책은 시작된다. 물론 각론으로는 세 가지 미래가 엮어질 미나지역(중동지역+북아프리카) 마켓은 새롭게 주목을 받기 시작했다. 이를테면 '포스트 재스민 혁명'을 비롯하여 히티스테들이 이룩할 '중동시장의 편승'과 '코리아 테크(Korea Tech)를 통한 아프리카 시장의 교두보(橋頭堡) 확보' 등이 필요한 시점이 바로 오늘이다.

이에 단행본이 갖추어야 할 구비조건을 충족시키고, 이어서 독자의 이해를 돕기 위해 5부 9장으로 나누어 집필의 품질을 높였다.

제1부는 2010년에서 새로운 10년을 열고 있는 2011년에 발생한 중동지역 민주화 열기에 따른 중동시장의 변화를 글로벌 마케터 시각으로 살펴보았다. 제2부는 자원빈국 한국호가 중동시장에서 기회시장으로 전망되는 걸프협력회의(GCC) 6개국과 마그레브(Maghreb)로 지칭되는 북아프리카 4개국에 대한 시장 보고서로 정리했다. 3부는 재스민 혁명 이후의 새로운 먹을거리로서 코리아 테크(Korea Tech)인 다섯 가지 아이템을 소개했다. 제4부는 중동시장에서 필요한 코리아 마케팅을 집대성했다. 끝으로 제5부는 업그레이드 코리아를 넘어 엑설런트

미들이스트로 향하는 여러 가지 문제점 제기와 함께 여기에 필요한 제안으로 마무리했다.

모두가 한결같이 아랍 비즈니스 세계에서 최고의 덕담인 '다오나 누하리드 아끄단(계약서를 작성합시다)'이 되게끔 노력했고 또 올인했다. 이렇게 무딘 글이지만 출판의 기회를 내려주신 채종준 한국학술정보(주) 대표이사님께 엎드려서 감사를 드린다. 끝으로 이런 단행본이 나오기까지 '출판공학'을 앞세워 나의 등을 두드려 주신 '이담북스' 드림팀의 좌장 김영권 이사님을 비롯하여, 강태우 팀장님과 김남동 대리님의 그 협조와 은덕을 가슴 깊이 새기고 있다. 왜냐하면 중동지역을 단행본으로 정리하기에는 아직까지 한국 출판시장이 문을 닫고 있는데 이 책까지 모두 열한 권의 단행본을 서가에 상재한 이 세 분들이 필자를 믿고 이렇게 집필의 영역을 넓혀 주신 점에 대한 감사다. 여기에 도움말로는 '콜럼버스 달걀'이 제격이 아닌가 싶다.

2012. 1. 5.

임은모

adimo@hanmail.net

C O N T E N T S

들어가는 글 ·· 4

Part 1   요동치는 중동 · 북아프리카 민주화 열풍

Chapter 1 | Hurriga(자유)! Hurriga(자유)! 북아프리카 눈물 ·· 14

1. 두 편의 다큐멘터리가 제시한 메시지 ·· 14
2. 멋지고 당찬 알자지라 방송의 저력 ·· 18
3. 북아프리카 민주화 열풍의 주역 히티스테 ·· 23
4. 재스민 혁명은 TGiF시대가 낳은 필연적 대서사시 ·· 27
5. 그들만의 리그 ·· 30

Chapter 2 | 샤리카트나(환영)! 샤리카트나(환영)! 북아프리카의 웃음 ·· 35

1. 튀니스의 봄 ·· 35
2. 노벨평화상에 이어 노벨문학상은 따 논 당상 ·· 38
3. 리비아의 삼색기에 담긴 의미부여 ·· 42
4. 대국굴기는 아직도 유효하다 ·· 45

Part 2   자원빈국 코리아에 급변을 통한 기회시장으로 떠오르는 GCC와 마그레브

Chapter 3 | 아라비아 海 연안 걸프협력회의(GCC)에서 펼쳐지고 있는 새로운 기회 시장 ·· 53

1. 월드컵 특수가 기대되는 카타르 ·· 53
2. 전 세계 석유시장을 주름잡은 사우디아라비아 ·· 57
3. 민주화 요구로 기로에 선 오만 ·· 63
4. 7개 토후국에 의해 설립된 아랍에미리트연합(UAE) ·· 66

차 례

Chapter 4 | 민주화의 기로에 선 마그레브 ·· 70

    1. 한국 국회외교가 손잡은 알제리 ·· 70
    2. 한국 전자정부가 전수된 모로코 ·· 75
    3. 너무나 공든 리비아 건설시장과 유전(油戰)의 서막(序幕) ·· 77

Part 3 재스민 혁명 이후 중동지역의 새로운 먹을거리

Chapter 5 | 코리아 테크가 녹아 있는 아이템 ·· 85

    1. 사하라사막이 부르는 태양광발전 ·· 85
    2. 사막에서 해수 담수화 설비는 곧 오아시스 ·· 89
    3. 코리아 테크는 전자정부로(路)로 가다 ·· 94
    4. 원자력발전이 르네상스를 열다 ·· 98
    5. 용각산은 소리가 나지 않습니다 ·· 104
    6. 북극해에 매장된 천연가스를 국부(國富)로 품고 ·· 108
    7. 혼란과 기대 속에 미래를 지향하는 해외건설 프로젝트 ·· 112

Part 4 다시 시작하는 코리아 마케팅

Chapter 6 | 코리아 마케팅은 타이밍이 중요하다 ·· 121

    1. 중동지역에서 통용되는 프로젝트 마케팅 ·· 121
    2. 중동지역에서 통용되는 프로덕트 마케팅 ·· 126
    3. 케이스 스터디로 본 중동지역 프로젝트 마케팅 ·· 131

Chapter 7 | 코리아 마케팅은 이제부터 외교 마케팅으로 ·· 136

    1. 덧칠이 필요한 중동지역 정치외교 ·· 136
    2. 더 주는 것으로 펼쳐야 하는 문화외교 ·· 141
    3. 변수가 많은 시장외교의 함정 ·· 146
    4. 케이스 스터디가 주목한 아프리카 우먼파워 ·· 150

Part 5　업그레이드 코리아를 넘어 엑설런트 미들이스트로

Chapter 8 ｜ 정말 믿을게요! 그 열기 ·· 157

　　1. 지금 아라비아 海에 무슨 일이 ·· 157
　　2. 위기야, 고맙다! ·· 164
　　3. 히티스테가 여는 시장 ·· 167

Chapter 9 ｜ 정말 사랑해요! 그 영광 ·· 172

　　1. 아픔 속에서도 당신의 로망이 영근다 ·· 172
　　2. 성공신화는 많아야 한다 ·· 175
　　3. 미국 1달러에 그려진 피라미드의 비밀 ·· 179
　　4. 배부른 한국, 한국의 배고픔 ·· 184
　　5. 아부다비에 한국 플랜트산업의 신화를 심고 있는
　　　 루와이스(Ruwais) 공단과 브라카 원자력발전소 ·· 188
　　6. 글로벌 메이저로 가는 한국 유전개발 ·· 191

나가는 글 ·· 195
참고문헌 ·· 198
중동·북아프리카 연표 ·· 8

PART 1

요동치는 중동 · 북아프리카 민주화 열풍

▶ ▶ ▶ 최근 '포스트 카다피 시대'를 열어야 할 리비아 정부의 운명이 한 치 앞을 볼 수 없는 극한 상태로 이어진 배경에는 튀니지發 재스민 혁명이 도화선이 되었다. 이 도화선이 이집트 코샤리 혁명으로 이어진 다음 민주화 열풍이 들불처럼 리비아로 옮겨간 것이다. 이로 인해 전 세계 경제는 고유가 진행이 예상되면서 원유 1배럴당 100달러를 넘어섰다. 일본 노무라경제연구소는 리비아 사태가 장기화되고, 사우디아라비아가 민주화 열풍에 휩싸이면 원유 1배럴당 120달러에 육박할 것으로 예단하고 있다.

그러나 우리에게 절망과 시름만 있는 것은 아니다. 중동지역에 민주화 열기가 진정되고 그들 민초의 요구가 받아들여지면서 세계 경제는 아랍의 봄에 대한 기대가 커지고 있다. 따라서 이 책의 제1부는 '포스트 재스민'을 비롯하여 '히티스테들이 이룩할 중동지역 시장 편승'과 '코리아 테크(Korea Tech)를 통한 사하라사막 이남 아프리카 시장의 교두보(橋頭堡) 확보'를 위한 미래 전망이 나오는 배경에 집필의 초점을 맞추었다.

이미 성숙한 중동지역 시장에서 승자가 된 코리아 테크의 저력을 바탕으로 아프리카 시장까지 석권하는 데 필요한 정보제공과 정보공유를 극대화할 시점이 바로 지금이기 때문이다.

Chapter 1

Hurriga(자유)! Hurriga(자유)! 북아프리카 눈물

1. 두 편의 다큐멘터리가 제시한 메시지

방송매체에서 전하는 메시지는 여러 장르로 전개된다. 운영방식마다 다른 포맷을 수용하는 것도 여기에 따른다. 우선 운영방식에서 국영(國營)과 공영(公營), 그리고 민영(民營)으로 확실하게 구분시키면 선진국 방송 수준이고 이를 도외시했다면 후진국 수준에 머문다. 이렇게 특별하게 구분하는 이유는 최근 방송생태계가 다양한 장르에 따라 발전과 변화 속에 새로운 진로를 모색하는 분위기가 역력함에서 비롯된다.

2011년 2월 세 번째 일요일 저녁 8시 KBS스페셜 '황금, 세계경제를 비추다'에서는 60분 동안 최근 이슈화된 금의 발전 단계에 의해 달러와 투자가치와의 관계 설정을 객관적 시각으로 다루어 시청자를 사로잡았다. 예를 들면, 우리 경제생활에서 여러 가지 원자재 상품 가운데 금과의 밀월이 주는 편익(benefit)은 무엇일까? 또 미래를 통해 자본시장의 메커니즘이 작동해야 하는 이유는 무엇일까? 우선 '미래'와 '시장'의 함수관계에서 금(gold)이 주는 의미와 무게는 중동지역 오일머니의 위력과 겹쳐져 우리에게 아랍의 봄을 새롭게 일깨워주기 시작했다.

◆ '네트혁명 – 중동을 가다'

나는 그날 KBS스페셜 '황금, 세계경제를 비추다'가 끝나기 바쁘게 손에 든 리모컨으로 채널을 바꾸고 있었다. 숙달된 조교의 손처럼 말이다. 주초부터 예고편 형식으로 소개된 일본 국영방송 NHK의 9시 스페셜 '네트혁명-중동을 가다'를 보기 위해서다. NHK는 같은 60분 분량으로 1월의 재스민 혁명에 불을 지핀 튀니지와 2월의 이집트 시민혁명을 특파원(柳澤秀夫 PD) 형식을 빌려 자세히 소개하고 있었다.

튀니지의 수도 튀니스에서 남쪽으로 28km 떨어진 이름 없는 한촌(寒村) 시디부지드라에서 아주 하찮게 보이는 사건으로 시작된 현장과 첫 순교자 무함마드 부하지지의 청과물 수레 등이 화면을 가득 채웠다. 그동안 신문매체에서 읽고 느낀 이미지와는 또 다르게 텔레비전 화면을 통해 직접 목격한 비주얼은 프랑스 현대철학자 질 들뢰즈(1925~95년)의 글을 떠올리게 했다.

> "중심부와 주변부로 나눈 사회에서 시민혁명은 주변부에서 일어나기 마련이다."

이를 방증시키듯 튀니지 한 경찰관이 교통에 방해가 된다는 이유로 부하지지의 청과물 수레에 침을 뱉었다. 모욕을 참지 못한 부하지지는 분신자살을 시도하고 그의 가족이 주 청자로 몰려가 격렬한 항의시위로 맞섰다.

튀니지의 한 당찬 알파걸이 이 모습을 자신의 휴대전화에 담아 페이스북에 올리자마자 이를 매개체로 하여 순식간에 200만 명의 페이스북 사용자가 시위에 가담했다. 지난 2011년 1월 17일의 일이다. 각종 언론매체에 소개되었듯이 2월 4일 벤 알리 튀니지 대통령이 부하지지가 입원한 병원에 방문했고, 그 다음 날 부하지지는 26세의 꽃다운 나이로 이승을 등졌다. 급기야 시위는 수도 튀니스로 옮겨져 재스민 혁명으로 이어졌다. 2월 14일 벤 알리 대통령은 결국 사우디아라비아로 야반도주에 오른다.

◆ 네트혁명과 특파원 멘트

특파원 보고는 무대를 튀니스에서 이집트 카이로로 옮겨 1월 25일 경찰의 날을 택한 시민혁명의 불꽃이 타오르는 현장에 다시 카메라의 앵글을 맞추었다. 결국 독재자 호스니 무바라크 대통령을 권좌에서 끌어내린 18일간의 이집트 코샤리(이집트 서민층이 즐기는 음식) 혁명과 동시에 무바라크 정부의 끈질긴 인터넷 차단과 대항하는 모습은 한 편의 첩보드라마였다.

2008년 6월에 처음 시민혁명을 시도했던 인터넷 운영자들은 실패하지 않겠다는 듯이 용의주도하게 페이스북으로 시민들을 모았고 동시에 인터넷 차단을 벗어나기 위해 구글에 도움을 청했다. 구글 엔지니어들은 휴일도 반환하고 페이스북이 가동할 수 있는 전화인 '스피크 투트위트(Speak2Tweet)' 기술을 급조해 도와주는 일을 서슴지 않았다. 구글의 중동·북아프리카 마케팅 매니저인 와엘 고님(Wael Ghonim)은 이 일로 경찰에 붙잡혔다가 풀려 나와 시위대에 합류하면서 이집트 시민혁명은 무바라크 퇴진으로 이어졌다.

18일간 이집트 시민혁명의 결과는 이집트 국내에만 머물지 않았다. 시민혁명을 이뤄낸 승자(勝者) 이집트와 함께 환호하는 그룹이 있는가 하면, 쫓겨난 무바라크 대통령처럼 '쓴맛'을 본 패자(敗者)들도 있다. 승자는 단연 소셜네트워크서비스(SNS) 강자 페이스북과 구글을 비롯하여 이집트 군부와 카다피 리비아 국가원수이다. 패자는 알카에다를 비롯하여 미국 CIA와 팔레스타인자치정부 등이다. 물론 튀니지와 이집트의 시위상황을 아랍권에 실시간으로 전달한 알자지라 방송은 구원투수로서 다시 상종가를 쳤다.

다시 무대는 네트워크 혁명을 취재한 도쿄 스튜디오로 옮겨져 '포스트 재스민 혁명'을 조명하면서 크게 세 가지로 요약했다. 하나는 이집트 군부를 비롯한 새로운 정권의 등장이었다. 둘은 시민혁명에서 생겨나기 마련인 치안 및 물가불안이었다. 셋은 무바라크 30년 독재시절 동안 '군경(軍經) 유착'이라 불러도 좋을 만큼 이집트 경제를 주물렀던 군부가 군수산업뿐만 아니라 석유와 LPG 제조업까지 거의 모조리 싹쓸이했던 이집트 시장의 향후 주인이 누가 될 것인가 하는 문제제기였다.

NHK는 이집트 네트혁명이 가져온 북아프리카 눈물은 미완이기 때문에 결론 대신 이집트 경제와 이집트 시장의 새로운 지배자 출현에 지대한 관심을 숨기지 않고 드러내고 있었다. 왜 일본은 이집트 시장의 주도권 향배에 관심을 쏟아낼까? 왜 일본 언론매체는 그동안 북아프리카의 눈물과 소원(疏遠)했던 관계개선을 제안하게 되었을까? NHK는 이 다큐멘터리 프로그램 마무리 단계에서 잊지 않고 이집트가 정권연장을 위해 후진국 방송체계인 국영방송의 힘만 믿고 정권연장의 도구로써 방송매체를 운영한 것이 결국 화(禍)를 자초했다고 결론을 맺고 있었다.

2. 멋지고 당찬 알자지라 방송의 저력

어느 누구나 인정하고 있는 '사막의 자유 언론' 알자지라(Al Jazeera) 방송은 이제 전 세계인의 눈이 되었다. 사건이 있는 곳에 방송 카메라가 있듯이 이번 재스민 혁명의 전 과정은 알자지라 눈을 통해 그들의 잣대에 의해 평가를 내리는 기준의 역할까지 담당했다. 멋지고 당찬 알자지라가 '중동판 CNN'이라는 데 너나없이 동의하고 있어 이에 대한 부정과 거부는 말장난에 그칠 뿐이다.

알자지라는 첫 방송 이래 올해로 15년째를 맞고 있다. 1996년 2월에 설립된 알자지라 위성방송은 1996년 11월 1일 첫 전파를 쏘아 올렸다. 선진국 매스컴과의 대조로서 나이는 겨우 중학생이지만 업적은 대학생이다. 한마디로 아랍 미디어의 혁명을 이루어낸 알자지라는 아랍의 눈과 방송 증인으로서 이제 불변의 미디어 거인으로 우뚝 섰다.

최근 들불처럼 일고 있는 중동·북아프리카 지역의 민주화 물결을 지켜본 많은 전문가들은 이의 없이 이들의 성공 뒤에 페이스북, 트위터와 함께 알자지라가 있다고 평가한다는 사실이 이를 잘 방증시켜 주고 있다.

재스민 혁명이 일고 있는 이 지역의 통치자들은 그동안 기피 방송 매체 1호로 알자지라를 꼽았다. 지난 15년 동안 알자지라는 이들로부터 비난과 질타를 번갈아 받으면서 성장했다. 재스민의 들불이 처음 번진 튀니지는 5년 전인 2006년 10월 25일 카타르에 주재한 모든 공관을 폐쇄하는 조치를 취했다. 튀니지의 극단적인 조치는 알자지라의 방송 내용 때문이었다. 이번에 사우디로 야반도주한 벤 알리 대통령은 자신의 정적인 몬세프 마르주키를 알자지라가 인터뷰하고 방송에 내보낸 것에 대한 조치였다.

알자지라 방송 내용이 이 지역 통치자들의 분노를 사서 카타르 외교 당국을 곤혹스럽게 만든 것은 비일비재했다. 단지 알자지라 방송이 카타르에 소재한 죄(?)에 대한 단죄였다. 오죽하면 벤 알리 대통령의 대노를 다독거려야 했던 당시 하마드 알 타니 카타르 외무장관은 "알자지라는 영원한 골칫거리이다"라고 단정했을까.

◆ 갈등과 위협 이겨낸 사막의 자유 언론 알자지라

아랍어로 섬(island)을 뜻하는 알자지라는 오는 2022년 월드컵 개최국 카타르에 소재하고 있지만 모든 방송 운영과 보도는 독자적인 체제를 고수하고 있다. 경영에 필요한 경제적인 지원만 카타르 정부로부터 받고 있다. 이를 잘 표현한 곳이 알자지라 방송국 로고다. 아랍어 문자를 서예적 기법으로 합친 알자지라 로고는 아랍의 터부를 깨는 전사의 눈물과 매우 닮았다. 자신의 신앙에 따라 알라의 가르침으로 무장한 그들의 용기와 미래를 위한 자기희생을 눈물방울처럼 그렇게 표현했다.

알자지라는 아랍세계의 모든 터부를 깨는 매우 논쟁적인 토크쇼를 내보내고 있다. 이를테면 '종교와 생활(religion and life)'과 '반대방향 (the opposite direction)' 등의 토크쇼는 의도적으로 가장 논쟁을 일으킬 만한 주제와 게스트를 선택한 그야말로 이단의 이단을 자청했다. 아랍 방송 최초로 히브리어로 말하는 이스라엘인을 등장시켜 아랍인들의 뒤통수를 때리는가 하면 아랍인들의 사생활까지 드러내는 데 달인이었다. 심지어는 '아랍 국가들은 미국 군대 주둔을 허용해야 하는가?'를 비롯하여 '사우디아라비아 왕가는 썩었는가?'와 '쿠웨이트는 정말 이라크의 일부분인가?' 등 매우 논쟁적인 주제를 다루었다. 때로는 신의 존재를 부인하고 쿠란을 인권 확장에 비유한 게스트 등장까지 서슴지 않았다. 경우에 따라서는 사회자가 "이슬람은 사회발전의 장애물인가?"라고 묻는 바람에 출연한 인사들이 욕설을 퍼붓고 퇴장하는 소동도 끊이지 않았다.

◆ 시온주의자라는 음모마저 듣고

그동안 아랍세계를 이루어낸 왕정과 공화정에 기대면서 커갔던 어용방송(御用放送)에 익숙한 이들에게 알자지라는 자기들의 신앙과 정책에 대한 이단(異端)이었다.

분개한 각국 아랍 정부가 알자지라 방송국 지사를 폐쇄하고 특파원을 추방하는 일이 비일비재했다. 특히 사우디아라비아는 아직까지도 지사 설립을 허용하지 않고 특파원 활동만 보장할 정도다. 요르단 정부는 자국 언론매체를 동원해 '시온주의자의 음모(陰謀)'라고 비난을 거듭하고 있다. 그러나 알자지라 방송은 아랍세계의 정치적 논쟁에 국한이 능사가 아니다. 이를 통해 알자지라의 정체성을 살렸지만 지금은 아랍의 터부를 깨는 데 열심이다. '모든 여성(every woman)'이라는 프로그램은 요리와 패션, 성생활과 헤어스타일 등 신변잡기로 채워지는 서구 미디어의 여성 프로그램과는 달리 에이즈와 자궁암, 여성 살해 등 논란이 되는 무거운 주제를 본격적으로 다루고 있다.

논쟁이 거셀수록 아랍의 시청자들은 알자지라 방송에 채널을 고정했다. 마치 들불처럼 번지고 있는 시민혁명이 도미노처럼 이어져 중동과 북아프리카 지역에서 벌어지는 역사적 사건의 현장을 알자지라 방송이 생생하게 보도할 때에 사람들이 그 진면목을 높게 평가하듯이 말이다.

이제 아랍의 주요 대도시는 물론 베두인의 천막 위에도 이 방송을 시청하기 위한 위성안테나가 걸려 있다. 피크타임에 아랍권 시청자의 수는 1억 명에 달한다. 지금의 중동 사태를 전 세계가 알자지라를 통해 지켜보고 있다. 아니 알자지라를 찾고 있다는 표현이 걸맞다.

많은 시청자를 거느리고 있는 알자지라 방송이지만 여전히 여러 아랍 정부들은 기업들에 광고를 주지 말라고 압력을 넣고 있다. 알자지라는 서구적 가치 기준으로 아랍을 바라본다는 비판을 계속적으로 받고 있다. 이런 비판을 의식해 2003년 사우디아라비아는 알아라비아 위성방송국을 출범하였다. 하지만 사우디 왕실이라는 성역을 넘지 못했고 이는 카타르 왕자들도 자유롭게 비판하는 알자지라와 비교되었다. 이런저런 미투(me too)와 유무형의 압박은 지금도 계속되고 있기 때문에 이 방송국 재정은 카타르 정부의 지원에 상당 부분 의존하고 있다. 경우에 따라서는 큰 덕을 보기도 했다. 카타르가 2022년 월드컵 유치에 성공하게 된 일등공신은 알자지라 방송국 운영에 따른 프리미엄이었던 것이다.

알자지라 방송을 아랍을 넘어 세계의 미디어로 끌어낸 것은 역시 전쟁이었다. 1991년 걸프전쟁이 CNN과 피터 아네트를 키웠다면, 2001년 아프간전쟁은 알자지라와 타이스르 알루니(Alluni) 카불 특파원을 스타로 만들었다.

당시 카불의 유일한 특파원이었던 알루니는 9 · 11 발생 26일 만에 전격 감행된 미군의 폭격을 카불 지국의 양철 지붕에 올라 전 세계에 생중계했다. 2003년 4월 미국이 이라크를 침공해 후세인 정권을 무너뜨린 과정에서 알자지라의 바그다드 자사 건물을 정밀 공격해 타리그 바그다드 특파원이 사망한 경우도 있었다. 그러나 오사마 빈 라덴의 테이프의 단독 입수와, 탈레반과 이라크 정부의 독점 창구로 잇단 특종기사를 내면서 알자지라 방송은 세계적인 미디어로 우뚝 섰다. 그렇게 해서 알자지라는 '중동판 CNN'으로 대접을 받기 시작한 것이다.

1996년 11월 6시간짜리로 시작한 아랍어방송이 이처럼 짧은 시간 내에 세계를 흔들지는 누구도 예상을 못했다. 알자지라는 2006년부터 영어방송을 출범하였고, 알자지라 다큐멘터리 등 9개 채널을 운영해 글로벌 네트워크로 발전하여 오늘에 이르렀다. 그러나 인질을 납치한 테러리스트와 이슬람 과격분자들이 알자지라를 미디어로 택하면서 '테러리스트의 마우스피스(mouthpiece)'라는 오명도 함께 얻고 있다. 이것은 알자지라가 가지는 일종의 숙명일 수 있다. 따라서 2004년 7월 알자지라가 자체적으로 제정한 10가지 윤리규정에 이런 내용을 포함시켰다. "특종을 얻는 것 자체가 목적이 되지 않고 단지 우리가 세운 규정에 부정적인 영향을 미치지 않는 범위에서 공정하고 정직

한 미디어 간 경쟁을 벌인다.”

아랍의 터부를 깨는 알자지라 방송은 중동판 CNN답게 지금 전 세계의 이목이 집중된 민주화 열풍이 거세게 일고 있는 중동·북아프리카 전역에서 페이스북과 함께 구원투수로서 방송 미디어의 진가를 제대로 발휘하고 있다.

◆ 자유의 벽

서구 방송매체에 비해 매우 짧은 15년 역사를 지닌 알자지라 방송국이 전 세계적인 미디어로 발전한 상징적 메시지는 자유의 벽에서 찾을 수 있다. 지난 2006년 11월 1일 개국 10주년에 즈음하여 알자지라 방송 카타르 도하 본사에서는 16.5m짜리 조각상 '자유의 벽' 제막식을 열었다. 이라크계 캐나다 미술가 마흐무드 알 오바이디가 만든 이 조각에는 분쟁 지역을 취재하다 사망한 기자 630명의 기자 이름이 새겨졌다. 그 명단 가운데 2003년 사망한 알자지라의 타리크 특파원의 이름이 들어 있음은 물론이다.

3. 북아프리카 민주화 열풍의 주역 히티스테

아랍 지역의 라디오 방송에서 듣는 아나운서의 목소리는 그야말로 예술이다. 목에서 나온 울림은 아랍인만의 독특한 억양에 의한 목소리로서 곧 알라의 선물이 된다. 앞에서 알자지라 방송국 로고가 '아랍의 터부를 깨는 전사의 눈물'이라고 정의한 아부다비 국가미디어

위원회 한 지인은 히티스테에 대한 정의도 이렇게 설명했다. "아랍어로 '담벼락'을 뜻하는 히티스테는 딱히 할 일이 없어 거리의 담에 기대 하루를 보내는 청년실업자를 지칭한다." 실은 그냥 청년실업자가 아니라 대학교육을 받고 트위터와 페이스북을 능숙하게 클릭하는 고급 인력을 뜻한다.

이 지역에 공통된 사회문제인 치솟는 물가고와 청년실업자의 일자리 제공은 항상 뇌관이 되었다. 미국 사회연구소인 퓨리서치가 올해 1월 25일 발표한 '세계 무슬림 인구의 미래'에 따르면 이 지역의 30대 이하의 인구는 전체의 60% 정도로 북미·유럽 선진국들의 두 배다. 전문가들은 출산율 증가와 영아 사망률 감소가 겹쳐 이들 지역의 젊은 인구가 급속하게 일어날 것으로 추정했다.

반면 젊은이들을 위한 일자리는 극히 부족한 상태다. 북아프리카의 실업률은 세계 최고 수준인 약 10%이다. 청년실업자 비율은 이보다 훨씬 높은 40%에 달한다. 퓨리서치는 이 같은 젊은 인구의 급증을 '청년 팽창(youth bulge)'이라고 표현하고 있다. 이 지역 역시 한국과 일본처럼 기성세대가 차지하고 있는 기존의 일자리를 내주지 않고 있기 때문에 대학교육을 받는 양질의 인재들은 광장과 거리를 방황하게 되었고 이들이 거리로 뛰쳐나와 결국 시민혁명의 주동자가 될 수밖에 없었다. 직시해 보면 히티스테의 반란이고 히티스테의 아픔이다.

튀니지와 이집트의 시민혁명을 주도한 세대가 바로 히티스테들이다. 1월 27일 이집트에 귀국한 모하메드 엘바라데이 전 국제원자력기구(IAEA) 사무총장은 "이번 시민혁명의 주도권을 쥐고 날짜를 정하고 행동을 결심한 것은 모두 젊은이들이었다. 나는 국민이 아직 독재를 축출할 만한 준비가 되어 있지 않았다고 생각했지만 히티스테의 인내심이 한계에 달한 상태였다"고 밝혔다.

◆ 오바마 미국 대통령의 재선 카드는 일자리 확대

퓨리서치의 발표가 있던 바로 그날 오바마 미국 대통령은 자신의 지지자들에게 영상 메시지를 통해 "나의 첫째 초점은 우리가 경쟁력이 있고, 성장하고 있으며, 일자리를 만들고 있다는 점을 확실히 하는 것이다"라면서 "미국 내 일자리 창출과 경기 회복은 해외시장의 활로를 개척하는 일이다"라고 강조했다. 다음 날에는 뉴욕 스키넥터디의 제너럴일렉트릭(GE) 공장을 방문하여 청정에너지 분야의 일자리 확대를 위한 협조를 부탁하는 등 일자리 창출에 온 관심을 쏟고 있다. 오죽하면 제프리 이멜트 GE 회장을 백악관 일자리 및 경쟁력 회복위원장에 위촉시켰을까. 이처럼 미국은 물가문제와 청년 일자리 해결에 대한 고민과 정책적 결정을 긴급한 국가적 현안으로 파악하고 있다.

◆ 한국은 청년실업률 0.4% 상승세에 그쳐

1월 12일 통계청이 발표한 '2010 고용동향'에 따르면 2010년 한 해 동안 연간 고용률은 58.7%를 기록해 2009년보다 0.1% 상승했다고 발표했다. 반면 15~29세 청년고용률은 같은 기간 오히려 0.2%포인트 하락한 40.3%를 기록했다. 2002년 60%를 정점으로 2008년 59.5%, 2009년 58.6%까지 떨어졌던 전체 고용률은 지난해 58.7%로 조금씩 나아지고 있다.

한국의 청년실업자 상승세가 저조한 이유는 북아프리카의 히티스테처럼 고등교육을 받아도 양질의 일자리가 없기 때문에 그들이 선뜻 나서지 않고 있음에서 비롯된다. 이웃 나라 일본의 경우처럼 부모

의 곁을 떠나지 않고 자립을 외면한 청년실업자 문제와 같은 수준을
보이고 있어서 문제의 해결은 쉽지 않을 터다.

◆ 히터스테는 재스민으로 내일을 열고

　이번 북아프리카 전역을 휩쓸고 있는 시민혁명을 주동한 청년실업
자들은 그들이 대학에서 배운 인터넷 열풍에 의해 조직적으로 저항
한 열정이 도화선이 되었다. 이게 들불처럼 번진 것이다.
　우선 북아프리카의 히티스테(청년실업자)들이 재스민(튀니지 국화)
을 닮은 시민혁명을 등에 업고 내일의 희망에 대한 기대가 분출한 것
이다. 이를 다시 패러디해 보면 미래의 주인공들이 이제 독재정권을
무너뜨려 새로운 시대의 개막으로 일자리를 얻어서 시장을 넓혀 나
가는 것으로 이해할 수 있다. 이들은 누구보다 위기 속에 기회가 있
고, 변화 속에 시장이 있다는 점을 대학교육을 통해 잘 배웠고, 이를
인지해서 명분을 살린 것으로 풀이해도 틀린 해석은 아닐 것이다. 여
기서 시장(市場)은 오바마 대통령이 앞에서 소개한 해외시장 개척과
같다. 히티스테들이 자신의 역량을 마음껏 펼 수 있는 새로운 일터,
진일보된 해외시장까지 아우르고 있는 것이다. 이는 그들의 외침이자
구호인 'Hurriga(자유)! Hurriga(자유)!'에 단 하나뿐인 자신의 목숨을
걸게 만든 로망이 되었다.

4. 재스민 혁명은 TGiF시대가 낳은 필연적 대서사시

〈삽화 1〉

자! 여러분은 'TGiF'라는 말을 들어본 적이 있는가? 유명 패밀리레스토랑의 이름과 함께 '드디어 금요일! 신이여, 감사합니다(Thank God, if's Friday!)'라는 뜻풀이가 떠오르는 것이 보통이다. 그런데 요즘 새로운 뜻풀이가 나왔다. 트위터(Twitter), 구글(Google), 아이폰(iPhone), 페이스북(Facebook)의 네 가지 서비스를 일컫는 말이다.

〈삽화 2〉

2010년 11월. 조지 W 부시 전 미국 대통령은 미국 캘리포니아 팰러앨토의 페이스북 본사를 방문했다. 자신의 저서 『결정의 순간(Dicision Point)』 홍보를 위해서다. 그는 능청스럽게도 "책을 소개하려는데 사람들이 다 페이스북 사이트에 몰려 있으니 여기 오는 게 당연하지 않은가?"라고 말했다. 페이스북은 창업자 마크 주커버그와 부시 전 대통령의 인터뷰를 페이스북 사이트(http://facebooklive)를 통해 전 세계에 방송했다. 그것도 리얼타임으로.

〈삽화 3〉

2011년 1월 연초부터 북아프리카는 물론 전 세계인들의 눈과 귀는 IT산업의 4대 거목인 TGiF에 몰렸다. 히티스테가 일으킨 재스민 혁명은 북아프리카를 기점으로 민주화 물결을 요동치게 만들면서 중동지역 전역으로 확산되고 있다. 세계경제사에서 읽을 수 있는 사실처럼 세계경제는 민주화 열풍을 시작으로, 산업화 물결을 거쳐, 복지사회가 구현되고 이에 따라 웰빙문화의 수혜자로 발전하는 과정을 밟아 가고 있다. 따라서 그동안 적게는 24년 많게는 42년 동안 북아프리카 전역에 걸쳐 민주화 걸림돌인 독재정권을 퇴출하려는 시도들이 이어지고 있다. 그 중앙에 'TGiF'로 대변되는 스마트혁명이 중동·북아프리카 지역에 급격한 변화를 불러일으키고 있는 것이다.

실제로 TGiF가 급속히 확산된 지난 2년간 세계인의 경제와 문화생활은 격변을 겪었다. 이러한 변혁의 시대에 튀니지의 재스민 혁명과 이집트의 코샤리 혁명은 그 소산물의 하나가 되었다. 이제 TGiF는 가공할 위력이자 반전의 숨은 드라마로서 자리매김하게 된 것이다.

잘 알려진 대로 구글이 이집트 코샤리 혁명을 위해 밤샘하여 만든 스피크투트위트(Speak2Tweet) 서비스는 누구든 미리 정해진 전화번호로 음성메시지를 남기면 '#egypt#(# 이집트)'란 꼬리표와 함께 트위터에 글이 올라가도록 되어 있다. 이 서비스에 의해 이집트 히티스테들의 주동자인 와엘 고님은 인터넷이 차단된 상황에서도 현지 상황을 전 세계에 널리 알릴 수 있었다.

◆ 침묵 깬 알카에다

지난 2009년까지 자신의 요구를 녹음테이프에 올려 알자지라 방송을 이용했던 알카에다는 TGiF시대를 맞아 소셜네트워크 서비스로 플랫폼을 바꾸고 있다.

실제로 중동 민주화 시위를 조용하게 관망해 온 알카에다(이슬람 근본주의 무장 단체)가 2월 18일 "민주화는 반(反)종교적이며 지옥으로 가는 지름길이다"라고 처음 언급했다. '테러만이 아랍 세계를 변화시킬 유일한 수단'이라고 주장해 온 알카에다는 그동안 이집트 코샤리 혁명에 관해서는 침묵으로 일관해 왔었다. 이를 깨고 알카에다 2인자 아이만 알자와히리는 이집트의 민주화에 공개적인 반대 의사를 드러냈다. 그의 육성은 유튜브를 통해 "민주 정부는 태생적으로 반종교적임과 동시에 이슬람 가치를 빨리 회복해야 한다"고 주장했다. 알카에다 아라비아반도 지부(AQAP)가 발행하는 온라인 잡지 '사다알말라힘(전쟁의 메아리)'의 최근호 사설에서도 "서구식 민주주의는 곧 지옥으로 가는 길이다"라며 튀니지는 하루빨리 신의 법을 정착시켜야 한다"라고 촉구했다. 민주화가 곧 반종교적이라고 주장한 알카에다조차 자신의 목소리와 자신의 요구를 TGiF에 기대는 모습이야말로 바야흐로 지금은 TGiF시대임을 실감시키고 있다.

아부다비의 신문매체 더 내셔널은 이러한 소식을 '진화하는 알카에다, 이제는 TGiF로 돈과 조직을 운영하고 있다'라며 헤드라인 뉴스로 전했다. 앞에서 소개한 세 가지 사례 제시에서 느낄 수 있었듯이 북아프리카에 TGiF시대의 도래야말로 검은 대륙 아프리카의 무선통신시장을 함께 읽어 볼 필요성을 느끼게 한다.

〈삽화 4〉

아프리카 대륙의 유선전화 보급률은 2006년 인구 100명당 3.2명에 불과했다. 10년 전인 1996년 1.9명에서 1.68배 늘었을 뿐이다. 하지만 휴대폰은 같은 기간 0.2명에서 21.6명으로 108배 증가했다. 유선전화망을 구축하려면 교환기를 설치하고 집집이 전화선을 연결하는 데 막대한 재원이 필요해 아프리카 각국은 사실상 손을 놓고 있었다. 하지만 휴대폰은 설비비용이 저렴하다. 결과적으로 유선전화를 거치지 않고 곧바로 휴대폰으로 건너뛰는 개구리 점프식(leapfrogging) 통신 혁명을 완수하고 있다.

〈삽화 5〉

아프리카 경제의 급성장을 보여주는 대표적인 사례는 이동통신사 업이다. 앙골라 등의 빈민국가의 거리에는 유니텔과 모비셀 통신사의 광고판이 즐비하다. 2002년 이후 아프리카 무선통신 시장은 연평균 50% 성장하고 있다. 인도 통신회사인 바티 에어텔은 쿠웨이트 통신 사 자인이 보유한 아프리카 무선통신 사업권을 107억 달러에 사들여 서 우리 모두를 놀라게 했다. 바티 에어텔은 중국산 35달러짜리 휴대 폰을 공짜로 고객에게 서비스하면서 아프리카 무선시장의 톱을 지향 하며 뛰고 있다.

5. 그들만의 리그

다시 맨 앞으로 돌아가 보자. 나는 두 편의 다큐멘터리를 소개했다. 특히 NHK의 '네트혁명-중동을 가다'에서 '시장(市場)'에 주목했다. 경 제동물로 자처하고 있는 일본에서 향후 중동·북아프리카 민주화 열 풍이 지나간 다음의 변화될 시장을 다큐의 포커스로 삼고 있다는 점 을 높이 샀기 때문이다. 왜일까? 왜 이들은 유독 북아프리카 시장의 변화를 기대하는 걸까? 왜 일본은 이들 시장의 변환 속에서 중장기적 시장대응을 메인 콘셉트로 삼았을까?

'왜' 시리즈의 중앙에는 한국 방송매체가 미처 드러내지 못한 부분을 간추려서 북아프리카 시장에 주목했다는 것에 나는 전율(?)했다. 다큐멘터리가 방송된 날짜는 2월 20일로 재스민 혁명의 들불이 아직 리비아에는 불지 않고, 전문가들도 이를 인정하기가 힘들었던 시기였다. 튀니지나 이집트와 달리 리비아는 부족과 부족으로 얽히고설킨 나라의 구조이기 때문에 만에 하나 민주혁명이 완수되어도 정기적인 화합의 시간이 소요되어 옛날과 같은 평화를 기대할 수밖에 없을 것으로 인지한 이유에서다. 그런데도 일본 매스컴은 중장기적인 시장 변화의 대응을 주문하고 있었다. 결론부터 말하자면 카다피가 이끌었던 리비아 정부에서 일본은 열외였다. 중동지역 쿠웨이트와 같은 밀월은 그림의 떡이었다.

◆ 전부(全部)가 아니면 전무(全無)인 리비아

한반도의 18배에 달하는 광활한 땅에 650만 명의 인구를 거느린 리비아는 약 500여 개 부족이 명목상 존재했다. 아랍권 최장기 42년 독재체제를 구축한 무아마르 카다피 국가원수는 이 많은 부족까지 통치해서 일인천하를 호령했다. 최강의 카다피파 부족은 제2의 도시 벵기지에 기반한 주와야 부족과 수도 트리폴리 동쪽의 와르팔라 부족의 씨를 거의 말려버렸던 것이다. 이런 부족 전통 때문에 리비아 상황은 앞서 민주화 시위가 일어났던 튀니지나 이집트와는 전혀 상황이 다를 것이란 예측이 우세했다. 튀니지와 이집트에서는 독재자 축출로 상황이 일단락되었지만 리비아에서는 피비린내 나는 부족 간 혈투가 계속될 수 있다.

반데 발레 미국 다트머스대학 교수는 2월 21일 CNN과의 인터뷰에서 "이번 리비아 시위는 카다피 대 반(反)카다피 구도라기보다는 부족 대 부족 간 갈등 구조여서 리비아의 시위가 성공해 카다피를 권좌에서 쫓아내도 민주화의 가능성은 점치기가 매우 어렵다"고 밝혔다. 부족의 영향력이 큰 알제리와 수단 등에서 벌어지고 있는 민주화 요구도 이집트 모델보다는 리비아와 비슷한 길을 밟게 될 가능성이 크다. 따라서 일본이 예견한 대로 리비아의 시위는 장기전이 불가피할 것이고, 이를 통해 중장기적인 시장 대응책을 절실하게 주문했다.

하지만 변화될 시장에서의 승자가 되기 위해서는 그동안 당연하게 리비아가 가지고 있는 모든 석유와 천연가스 운영권은 카다피 정권의 입맛에 맞는 그들만의 리그로 구성되었고 동시에 그들만의 세상이 존재함을 간과해서는 안 될 것을 염려했다. 어려운 한문을 차용하자면 지피지기(知彼知己)이다.

◆ 이탈리아와 프랑스의 밀월

리비아 수도 트리폴리에서 유혈사태가 진행되는 동안 국제유가는 110달러를 넘어섰다. 3년 2개월 만에 최고치였다. 당연하게 지중해 건너 이탈리아 증권가는 쑥대밭이 되었다. 좌불안석이 따로 없었다. 리비아는 이미 이탈리아 에너지 메이커 에스에스에이피(SSAP)와 함께 지중해를 통과하는 천연가스 파이프라인을 운영하고 있다. 프랑스 토탈과도 석유시추와 석유운영권을 함께 부여하는 등 그들만의 리그는 철옹성이었다.

이 시점에서 고작 6개월 전인 2010년 8월 30일을 되돌아보면 카다피 국가원수는 실비오 베를루스코니 이탈리아 총리와 함께 로마에서 카라비니에리(이탈리아 준헌병대)의 기병의장대를 사열했다. 이날 양국 정상회담에서 베를루스코니 총리는 리비아와의 경제협력을 강조한 반면, 카다피는 이탈리아인들을 이슬람으로 개종하도록 설득하겠다고 밝힐 정도로 두 사람의 우대는 돈독했다. 베를루스코니는 29일 열린 카다피의 강연장에 젊은 여성 200명을 동원했고 카다피는 이 여성 청중에게 쿠란(이슬람 경전)을 나누어 주면서 이슬람이 유럽의 종교가 되어야 한다고 주장했다. 이는 사우디아라비아를 포함한 걸프협력위원회(GCC) 6개국에서 미국의 핼리버튼(Halliburton)과 벡탈(Bechtell)이 구축한 그들만의 리그와 같은 반열이고 같은 파워다.

카다피가 42년 최장기 독재자로서 군림하는 동안 그들만의 리그에 편입을 기대하는 미국의 외교적 노력은 한 편의 드라마였다. 이를 시대별로 정리해 보면 그들만의 리그에 오르는 일이 얼마나 어렵고 힘든 일인지 알 수 있다.

◆ 리비아를 짝사랑한 미국 에너지 메이커

리비아가 미국 에너지 메이커의 사정권 안으로 들어온 것은 2003년 리비아에 대한 유엔의 경제제재 조치가 해제된 뒤부터였다. 미국은 1981년 제1차 리비아 제재 조치를 내렸고 유엔은 1988년 영국 로커비에서의 팬암기 폭파사건을 계기로 2003년까지 리비아에 제재를 가했다. 특히 리비아의 핵포기 선언 이후 미국이 리비아와 관계정상화를 맺자마자 엑손모빌과 셰브런 텍사코 등 미국 최대 에너지 메이커들은 이에 뒤질세라 리비아에 재진출하여 석유 발굴에 임했다. 이들은 관계정상화 이전부터 미국 정부와 의회에 리비아의 경제제재를 풀어줄 것을 지속적으로 요구하며 복귀를 노렸다. 이들에게는 리비아 석유 매장량 420억 배럴과 천연가스 1조 4,720억m³가 매력적인 자원이 아닐 수 없었다.

리비아 원유는 오염된 유황 함유율이 낮을 뿐 아니라 정제비용도 비교적 낮게 들어 관련업계에서 높게 평가를 받아 왔다. 또 지중해를 끼고 있어, 세계적인 화약고 호르무즈 해협 등 치안 불안지대를 통과하지 않고도 유럽이나 미국으로 쉽게 수출할 수 있는 지리적 이점까지 확보하고 있다. 그래서 연일 치솟고 있는 국제유가의 고공행진은 결국 제3차 오일쇼크에 해당하는 '슈퍼 스파이크(장기 급등 사이클: Super Spike)'가 오지 않을까 전전긍긍한 이유이기도 하다.

이에 따라 세계 증시는 요동의 지경을 넘어 대혼란의 한때를 보내야 했다. 물론 그들만의 리그에 편입되지 못한 채 돈 잔치만 구경했던 일본 기업에 리비아 사태는 곧 새로운 시장 기회로 여겨질 수 있다. 이게 바로 북아프리카의 눈물과 같은 의미이고, 동시에 민주화를 외치는 히티스테의 요구와 일치하는 부분이다.

샤리카트나(환영)! 샤리카트나(환영)! 북아프리카의 웃음

1. 튀니스의 봄

최근 전 세계 각지에서 일고 있는 민주화 혁명은 자주 꽃으로 대변되고 있다. 미국이 리비아의 경제제재 조치를 풀었을 당시인 2003년 옛 소련의 동토(凍土)를 녹인 그루지야의 '장미 혁명'이 대표적이다. 시민들이 장미를 들고 시위를 벌였다. 혁명은 감염성이 강하고 꽃향기는 주머니에 싸도 퍼지는 법이다. 2004년 우크라이나의 '오렌지 혁명'에 이어 2005년에는 키르기스스탄의 '튤립 혁명'으로 이어졌고 2011년에 들어서는 튀니지에서 '재스민 혁명'이 완수되었다. 결국 혁명의 꽃바람은 사막까지 번지고 있다.

튀니지의 재스민 혁명은 꽃말에서 따온 상징성이 강하다. 재스민은 튀니지 사막에 아무런 보살핌이 없이도 잘 자라는 꽃으로서 물푸레나무과(科)의 영춘화(迎春花)다. '봄을 맞이하는 꽃'이라는 이름대로 얼어붙은 독재의 땅에 봄소식이 전해졌고, 이게 도화선이 되어 중동과 북아프리카 전역으로 확산되는 계기를 제공함에 따라 2011년판 세계 정치·경제사적으로 주저 없이 의미를 부여하게 되었다.

◆ 눈앞에는 사하라… 귓가에는 지중해… 코끝에는 달콤한 재스민 향기가

튀니지는 '아프리카'라는 대륙명의 기원이 된 나라다. 기원전 1000년경 레바논에서 온 페니키아인들이 정착한 튀니지(카르타고)를 로마인들은 '아프리카'라고 불렀다. 지중해로 뻗은 이탈리아 반도 옆 시칠리아 섬에서 150km가량 남쪽으로 내려오면 아프리카 대륙 북단의 나라 튀니지를 만나게 된다. 한반도의 3분의 2 크기쯤 되는 작은 나라 튀니지는 사하라사막을 품은 남부와 남유럽의 풍광을 옮긴 듯한 동북부 해안지대까지 다양한 얼굴을 가지고 있다. 물론 튀니지를 상징하는 국화인 재스민의 향기는 덤으로 얻게 된다.

역사적으로도 카르타고와 로마, 그리고 비잔틴과 이슬람 문명의 세례를 받았고 19세기에는 프랑스의 보호령이 되었다. 수도 튀니스는 지중해 해변을 따라 새하얀 건물이 끝없이 펼쳐진 도시로 유명세를 더하고 있다. 볕은 뜨겁지만 습도가 낮아 그늘에서는 금세 서늘한 기운을 느낄 수 있다. 튀니스의 중심지 부르기바에는 튀니지 사람들이 '샹젤리제 거리'라고 부르는 노천카페 거리가 펼쳐진다. 전통음료 민트차를 시켜 놓고 몇 시간씩 대화를 나누는 튀니지 사람들을 보고 있으면 파리의 여유를 옮겨 놓은 착각마저 든다.

특히 튀니스의 외각지대인 카르타지에는 로마인이 세운 공동 목욕탕 터가 아직도 남아 있다. 로마인은 수로를 이용해 132km 떨어진 산

에서 물을 끌어와 목욕물을 데웠다. 카르타지 여기저기에는 이때 끌어오는 물을 가뒀던 거대한 저수조가 아직도 남아 있다.

◆ 지금은 시디부지드의 봄

세계사를 다시 쓰게 만든 튀니지 히티스테의 대명사인 무함마드 부하지지의 유해가 묻힌 공동묘지는 세계 민주혁명의 명소가 되었다. 튀니스에서 고작 28km 떨어진 시디부지드에서, 중동과 북아프리카 민주의 봄에 기폭제가 된 한 청년의 숭고한 정신에 대한 묵념과 순례는 이제 시작에 불과하다. 시디부지드를 찾는 전 세계인들은 부하지지에게 묵념과 헌사를 아끼지 않는다.

재스민이라고 하는 향기로운 혁명의 이름은 이제 TGiF 시대가 필연적으로 펼쳐지고 있는 네트혁명의 결과물로서 역사적 의미는 지대하다. 이 불을 북아프리카 튀니지의 시디부지드에서 처음 지핀 것이다. 그래서 아랍권 방송의 입과 눈인 알자지라 방송은 소원했던 벤 알라 정부와의 관계가 돈돈해지면서 시디부지드를 전 세계에 알리기에 앞장서고 있다.

후세의 역사학자들은 아마도 '검은 대륙 아프리카를 전 세계인에게 자랑할 수 있는 기념비적 대사건'으로 정리할 것이다. 어제는 튀니스에서, 오늘은 카이로에서, 내일은 트리폴리에서 민주화 열풍이 들불처럼 번졌고 그렇게 진행된 2011년 1월과 2월의 역사적 기록들이 이를 잘 설명해주고 있기 때문이다.

2. 노벨평화상에 이어 노벨문학상은 따 논 당상

　세계적인 명예와 권위를 함께 가지고 있는 노벨평화상의 시상식은 노르웨이 오슬로에서 매년 12월 10일에 열린다. 이날은 노벨평화상 창설자인 알프레드 노벨(1833~1896년)이 사망한 날짜에 해당한다. 지난해 노벨평화상은 여권(女權) 신장과 민주화 운동의 선봉에 섰던 아랍 여성에 대한 평가와 업적을 높이 사서 특별히 아프리카 출신인 세 명의 여성이 차지했다. 아프리카 첫 여성 대통령인 설리프 라이베리아 대통령을 비롯하여 라이베리아 평화운동가 보위, 그리고 예멘의 살레 대통령에 맞서 아랍의 봄을 이끌어 온 카르만이 공동수상했다.

　이런 이유 때문인지 아프리카에 가면 '게임(Game)'이란 단어를 도처에서 볼 수 있다. '게임 드라이브(Game Drive)', '게임 미트(Game Meat)', '게임 리저브(Game Reserve)', '게임 핑크(Game Pink)' 등등. 여기서 게임은 '야생동물'이다. 아프리카에서는 동물사냥이 이미 금지되었다. 그러나 동물을 쫓는 인간의 습성과 본능은 아직까지 이어지고 있다. 따라서 사람들은 트럭이나 사륜구동 차량을 타고 사냥을 다니는 연습으로 대신하고 있다. 이게 바로 아프리카 여행 트렌드이자 아프리카 관광의 패턴이 된 것이다. 자연과 사람, 동물과 사람, 사막과 사람 등에서 얻어내는 감각적인 아프리카 인정은 그래서 각기 다른 시각과 생각으로 표현된다. 이를 필름마켓에서는 사람과 동물의 차이점으로 구분해 지배자와 피지배자의 관계설정으로 풀고 있다.

　게임이 캐릭터와 스토리로 구성되었듯이 아프리카 영화 역시 재미와 소재, 문화와 관광에 의해 편집된 예술 장르로 각광받고 있다. 그러나 사람이 공기와 물에 의해 삶을 꾸려가듯이 영화의 세계도 경제

현실과 정치현장에 의해 종종 순수성을 잃어가고 있다. 사람들이 광활한 사막까지 찾아다니면서 동물 사냥 흉내를 내야만 직성이 풀리듯 이 두 가지 필요요건에 의해 필름마켓이 변화하고 있음은 잘 알려진 사실에 속한다.

◆ 베를린 영화제에서 3관왕 탄생

역설적이게도 아프리카 자연은 영화의 세계에서도 빛이 나고 있다. 지금까지 전 세계인의 중동과 북아프리카에 대한 선입견은 사막이 주는 이미지 때문에 예술성은 물론 예술적 가치에서 항상 뒷전이었다. 하지만 최근 민주화의 들불로 인한 시각 변화로 제61회 베를린 영화제에서 황금곰상과 남녀주연상의 3관왕을 함께 거머쥐었다. 이변이 아닐 수 없다. 이변치고는 너무나 당연한 이변일 수도 있다. 민주혁명에 의해 세계경제와 세계질서가 바뀌면서 영화의 세계도 이를 허용하고 환호하는 분위기를 비켜갈 수 없었던 것이다.

베를린 영화제는 칸, 베니스와 함께 세계 3대 영화제다. 베를린 영화제는 오래전부터 유난히 정치색과 사회성이 짙은 작품을 선호해왔다. 동·서 분단이라는 독일의 역사적 경험이 투영된 결과다. 이런 이유에 따라 지난해 베를린 영화제는 한 영화에 작품상과 남녀주연상을 몰아주는 이변을 보였다. 현재 반정부 시위로 시끄러운 이란의 정치현실을 감안했을 때 이 수상에 대한 의미 부여는 당연할 수밖에 없다. 튀니지발 '재스민 혁명'이 튀니지를 시작해 이집트와 리비아를 거쳐 중동지역으로 확산되고 있는 가운데, 이란 내 사회 갈등과 종교 문제를 다룬 '나데르와 시민, 별거(Nader and Simin, a Separation)'가

가져온 상복이다.

지극히 평범한 한 부부의 이혼문제를 통해 이란 사회 내 계층갈등과 종교문제 등을 깊이 있게 다룬 이 영화는 심사위원들에게 높은 평가를 받으면서 3관왕의 영예를 안았다. 영화제 초반부터 유력한 수상작으로 꼽힌 이 영화는 아시가르 파르하디 감독의 작품으로 이란이 겪고 있는 사회적 고통을 담아냈다. 이란의 계층갈등과 종교의 보수성, 그리고 사법시스템의 문제 등에 대한 통찰력이 돋보인 작품이기도 하다.

파르하디 감독은 수상 소감을 통해 "내가 자랐고 역사를 배운 내 나라 사람들에 대해 생각하는 계기로 삼고자 한다"면서 "위대하고 인내심 있는 자파르 파나히를 생각하고 싶다"고 말했다. 파르하디 감독이 언급한 자파르 파나히는 같은 영화감독으로 2010년 12월 반체제 활동혐의로 징역 6년을 선고받은 인물이다. 그는 지난해 영화제 심사위원이었지만 이란 법원 명령에 따라 향후 20년간 영화 제작과 해외여행 등 일절 활동을 금지당한 상태다. 실제 이란 영화는 1990년대 중반부터 주목을 받아 왔다. '오프사이드'와 '하얀 풍선' 등은 파나히의 작품이다.

파르하디 감독은 정치적으로나 종교적으로나 고단한 이란인의 일상을 서정적으로 영상에 담아내며 공감을 끌어냈기에, 3관왕의 영예를 차지하는 행운을 얻게 된 것이 그냥 우연만은 아닐 것이다.

◆ 영화를 넘고 문학을 거쳐 노벨문학상까지

민주화의 물결은 이제 정치와 경제를 넘어 문화와 예술의 경계를 아우르면서 새로운 지평을 열고 있다. 자유와 환영을 외치던 히티스테들에게 요구와 외침은 이제 하나의 문학적 소재(素材)가 되고 있다. 북아프리카의 눈물이 독재자의 망령을 이겨내고 북아프리카의 웃음으로 발전하는 모든 과정은 영화로, 문학으로, 다큐멘터리로 70억 지구촌 가족에게 삶의 활력소가 되고 있는 것이다.

이를 확대해 보면 노벨평화상에 이어 올해는 노벨평화상까지 수상하는 영광을 얻을 확률이 높다. 최근 중동과 북아프리카에서 발효된 민주화 요구와 외침은 문학작품의 소재로서의 가치는 지대하기 때문이다. 계층 간에 존재하는 갈등, 수니파와 시아파의 다툼, 부족과 부족의 헤게모니 쟁탈, 이슬람과 기독교의 종교분쟁, 심지어는 친카다피와 반카다피 등을 소설 행간마다 씨줄과 날줄로 얽히고설키도록 하기만 하면 된다.

특히 튀니지의 하싼 나스르가 저술한 『응접실 그림』은 그야말로 압권이다. 우선 해방과 변화의 기운을 담은 데 남다름이 묻어 있다. 아내는 방에서 출산을 하고, 남자는 초조하게 응접실에서 아이가 태어나기를 기다린다. 응접실 가운데는 가족 대대로 물려받은 큰 그림이 걸려 있다. 그런데 그 그림이 갑작스럽게 떨어져 깨지고 만다. 당황한 남자에게 가족들은 새로 태어난 아이의 사진을 걸면 되지 않느냐고 거든다. 응접실 가운데서 왕처럼 공간을 지배하던 오랜 그림이 새로운 세대의 것으로 바뀔 것이라고 위로하기 시작한다. 이 소설의 백미는 가정의 변화와 사회의 변화에 그치지 않고 체제의 변화를 예언하는 로망이 곁들였다는 데 있다.

지금까지 서양과 동양에 밀려 변방에 처해 있던 아프리카의 소설가들은 가까운 내일에는 어김없이 스웨덴 한림원으로부터 노벨문학

상 수장자로 선정되는 영광의 주인공이 될 것이라는 추측이 가시화
되고 있다. 이제 문학적 소재만은 '아랍의 봄'으로 지정(?)될 것이 자
명해졌다. 왜냐하면 '튀니스의 봄'을 외치던 광장에서 히티스테들이
들고 있는 피켓의 메시지가 이렇게 정리되고 있었기 때문이다.

　'게임 오버(Game Over)'

3. 리비아의 삼색기에 담긴 의미부여

　포스트 카다피 시대가 열린 지난해 10월 20일까지 리비아에서는
두 개의 국기가 공존하고 있었다. 카다피 국가원수가 만든 녹색기와
시민군이 들고 나온 삼색기가 그것이다. 시민군이 들고 나온 삼색기
는 1951년 리비아가 이탈리아로부터 독립했을 때 만들어졌던 국기로
모두 삼색이다. 녹색은 이슬람 평화의 상징이고, 붉은색은 독립투쟁
에서 투사들이 흘린 피를 뜻하며, 검은색은 당시 왕가를 중심으로 한
통합을 의미하고 있다. 함께 그려진 초승달과 별은 이슬람 종교의 상
징적 트레이드마크다.

　그러나 리비아의 삼색기는 오래 가지 못했다. 1969년 쿠데타를 일
으킨 카다피가 1977년 현재 통용되는 녹색국기로 교체시켰던 것이다.
42년 동안 철권정치를 편 카다피는 유난히 녹색을 좋아해 자신의 정
치이념을 나타낸 혁명지침서마저 『그린북』으로 정했을 정도다. 그러
나 시위대는 반카다피 표시로 독립 당시의 삼색기를 들고 나와 거리
를 메웠다.

　최근 리비아 민주화 열풍에 등장하는 두 가지 리비아 국기를 바라

본 한국 대학가는 단순한 의미부여를 떠나 극변하는 세계경제와 미래에 대한 시각의 변화를 보이기 시작했다.

◆ 중동의 봄과 한국 대학가의 움직임

튀니지의 한 한촌(寒村)에서, 그것도 거리 교통을 담당하던 여성 경찰관이 내뱉은 욕설을 듣고 분신을 감행한 노점상이 도화선이 되어 그야말로 세계사적 대변혁을 이루어낸 지금의 중동 및 북아프리카의 들불은 여진(餘塵)이 되어 한국 대학가를 휩쓸고 있다. 호스니 무바라크 이집트 대통령을 단숨에 몰아낸 이집트 시민들의 열정이 한국 대학 캠퍼스를 파고들면서 아랍어과 대학생을 주축으로 '중동의 봄'을 연구하려는 움직임이 광범위하게 일고 있는 것이다. '미지의 땅' 중동을 연구와 미래 기회의 장으로 여기고 탐구하려는 대학생들 관심이 고조되어 들불처럼 대학가에 번지고 있기 때문이다.

지난 2월 17일을 기점으로 고려대학교 학생회관 내 생활도서관에서는 이 대학 중동학회 '알 미라야' 소속 대학생 9명이 만나 난상토론을 벌이면서 이변(?)이 발생했다. 최근 불거진 중동 민주화의 격변과 미래를 이야기하기 위해 자칭 '아랍통'이라는 대학생들의 모임이 여러 캠퍼스에서 이루어지고 있다.

대학신문에 따르면 민웅기 연합중동학회 부회장은 중동지역 민주화 시위가 전파된 과정과 서구 역사를 비교 해석하면서 "앞으로도 중동에는 변화가 계속될 수밖에 없다"고 강조했다. 민 씨는 지난 2년간 이집트에 머물렀던 기억을 새롭게 떠올리고 나서 내린 결론을 이렇게 정리하고 있다. "2007~2009년 이집트 어학연수 때 카이로 시민들이 하나하나 불만을 말하고 페이스북도 활성화했다. 그때는 작은 변화일 뿐이라고 생각했는데 이렇게 빨리 격변이 일어날 줄 몰랐다.”

군 복무 대신 한국국제협력단(KOICA) 단원이 되어 이집트에서 2년 넘게 봉사활동을 한 이동진 씨(26세·연세대 기계공학과)와, 미국 9·11 테러 때 미국에서 히잡을 쓴 아랍계 친구들이 따돌림당하는 것을 보며 괴로워하다 중동에 관심을 가지게 되었다는 안예진 씨(24세·고려대 국제학부)는 향후 진로가 ‘중동 속’에 있다. 이 씨는 “전공인 기계공학을 살려 플랜트기업에 들어가 중동에 기술을 전수해주고 싶다”고 미래 비전을 피력했다. 또한 안 씨는 “다음 학기부터 대학원에서 중동정치를 공부한다. 국내에 한국과 중동 정치를 비교 및 조사해 척박한 이 분야에 선구자가 되겠다”고 당차게 말했다. 스스로 ‘아랍통 알파걸’로의 입지를 넓히는 일도 곁들였다.

연합중동학회 민웅기 부회장은 “주위에서 중동에 무관심하고, 중동을 테러 온상지로 여길 때 과감히 이집트행 비행기를 탄 것이 요즘 무척 다행스럽다”며 “미지의 분야가 열리는 것인 만큼 기회의 땅이라고 생각하고 학회를 찾는 대학생들도 부쩍 늘고 있다”고 전했다.

하긴 이집트 주재 프랑스 대사관과 미국 CIA 등은 튀니지와 이집트 민주화 열풍에 대한 정보의 부족으로 굴욕을 당할 정도로 이번 민주화 열기는 우리 모두의 상상을 초월한 대사건이자, 대서사시다. 오죽하면 이집트 주재 프랑스 대사는 옷을 벗고 귀국길에 오르는 불명예를 안아야 했을까? 1년에 750억 달러를 쓰는 미국의 16개 정보기관에서 으뜸인 미국 CIA마저 ‘정보부재의 굴욕’을 인내해야 했을까? 그래서 생긴 문제 발단 제안과 인식의 재발견은 이제 중동과 북아프리카에서 민주질서에 따라 새롭게 출발하는 주문성 제안이 점점 설득력을 얻고 있다.

판이 뒤집혔다. 여기에 맞는 신(新)시각(new sight)이 필요한 것이다. 지금까지의 모든 시장정보와 시장자료, 그리고 이 시장의 향후 대응정책을 위해서라도 슬프지만 용도폐기의 수순을 밟을 수밖에 없다. 평화스럽게 정권이 바뀌어도 수백 개의 고급 공무원의 자리가 바뀌기 마련인데 적게는 24년, 많게는 42년 철권정치로 다져진 인맥과 정치철학을 그대로 승계하는 일은 자충수에 해당한다. 다른 용납이 어렵게 되었다. 그렇다고 해도 리비아 시민군이 들고 나온 삼색기는 이제 아랍의 봄을 그대로 상징하는 깃발로서 존재의 가치가 높아지고 있다.

4. 대국굴기는 아직도 유효하다

국제부흥개발은행(IBRD) 자료에 따르면 1961년 이집트의 1인당 국민소득(GDP)은 151달러였다. 당시 한국은 91달러였다. 도토리 키재기이지만 이집트 형편이 조금 나았다고 본다. 올해로 꼭 60년 뒤인 현재는 2,070달러 대 1만 9,830달러로 한국이 9.6배 많다. 이집트는 하루에 원유 70만 배럴을 생산하는 산유국이다. 천연가스도 해외로 수출하고 있다. 수에즈운하 통행료로 50억 달러를 받고 있고 미국으로부터 매년 20억 달러 원조까지 얻고 있다. 피라미드 등 고대 유적지를 보러 전 세계인이 나일 강을 휩쓸고 다니면서 낸 관광수입액은 물경 100억 달러에 달하고 있다. 단순 계산해서 생산비용이 포함되지 않고 170억 달러가 거저 들어온다는 것이다. 그런데도 GDP 비중의

87%를 수출로 채우고 있는 한국이 경제성장을 이루고 있는 동안 이집트는 과연 무엇을 했을까?

정치·경제·문화·사회적 요소들이 두루 얽힌 일이라 답이 쉽지 않다. 다만 이슬람 문화정서에 따라 나눠 먹기 복지예산을 통해 국민생활에 보태는 것을 덕목으로 삼았던 복지정책이 그 주된 이유라고 해석할 수 있다. 부자들이 베풀어 온 이웃에 대한 시혜(施惠)를 포시(布施) 개념에서 국가가 대신 지원하는 데 국가예산을 소비한 결과다. 대신 국가의 인프라에 대한 투자는 매우 적었다. 카이로는 교통 체증으로 이미 정평이 나 있다. 도로가 엉망이고 교통 체계는 정리와 거리가 멀다. 관광시설은 낡고 허술하기 짝이 없다. 그런데도 매년 2,000만 명의 외국 관광객이 몰려오고 있다.

우선 '카이로의 봄'의 발단은 경제문제였다. 인터넷을 통해 시위를 주도한 히티스테들의 요구사항은 일자리를 달라는 것이었다. 무바라크 대통령 퇴진 요구는 그다음 일이었다. 무바라크 정부가 당장 국민의 불만을 사더라도 각종 포시를 줄여서 대학생 수를 늘리기보다는 좋은 대학을 만드는 데 투자를 했더라면 이집트의 상황은 매우 달랐을 것이다. 이번 카이로의 봄은 미래가 아닌 현실에 투자한 나라의 자업자득이고, 자가발전에 해당한다. 무바라크 정부가 청년 일자리 창출과 청년실업자 문제 해결, 그리고 청년 일자리 기회부여 등의 히티스테들에 대한 예산을 배정했더라면 하는 아쉬움을 직시해야 한다.

이것은 이집트만의 비극이 아니라 전 세계에 걸친 국가적 어젠다가 되고 있다. 이집트를 비롯하여 한국과 일본, 미국과 유럽, 심지어는 'G2'로 등극한 중국까지 공통되게 청년 일자리 확보는 민주화에 이어 산업화 다음으로 가는 복지화 사회로의 첫 관문이 되고 있다.

최근 아프리카 천연자원을 싹쓸이하고 있는 'G2'의 중국은 외환보유액이 이미 3조 달러에 달한다. 넘쳐나는 달러로 아프리카 대륙을 휩쓸고 다니면서 탐스러운 식욕을 숨기지 않았다. 이번 리비아 민주혁명 당시 중국은 1만 5,000명의 자국민을 국적기에 태워 본국에 송환시켰다. 최대의 숫자다. 한국의 2,000명 내외로 보면 7배가 많다. 카다피 정권과 다정했던 이탈리아나 프랑스와도 비교가 되지 않을 정도로 이미 중국이 리비아 상권을 야금야금 점령했다는 방증이다. 이러한 중국인의 아프리카 식욕의 현대사는 5년 전의 일에서 비롯된다.

2006년부터 13억 중국인을 열광시킨 12부작 다큐멘터리 '대국굴기(大國崛起)'는 세계 경제대국 7개국을 다루었다. 이 다큐멘터리는 이들 경제 강대국의 과거와 현재, 그리고 미래를 적나라하게 제시해 중국인에게 꿈과 희망의 원천을 제시한 중국판 명심보감이었다. 우연의 일치일까. 대국굴기가 방영된 2006년부터 중국은 아프리카 진출에 열을 올리기 시작했다. 겨우 6년 만에 영국이 그동안 다진 이 시장의 맹주 자리를 등에 업은 인도를 압도하고 있다. 경제패권의 주인이 바뀌었고, 산업지도는 중국을 상징하는 황금색으로 덧칠되고 있다.

이제 튀니지 하면 나라꽃 재스민이 연상된다. 일본은 벚꽃, 한국은 은근과 끈기를 상징하는 무궁화가 나라꽃이다. 그런데도 중국은 아직 나라꽃으로 모란과 매화 사이에서 결정을 내리지 못하고 있다. 모란은 북부 황하 유역에 많이 피고, 매화는 남부 양쯔 강 유역에서 널려 있다. 그래서 국론의 결과를 내지 못하고 있는 것이다. 대신 대국굴기로 13억 중국인의 마음속에 파고들어 해외시장 진출에 가속을 붙게 만들고 있다.

이게 이 책의 기본 메시지다. GDP의 87%를 해외시장에서 얻어내고 있는 자원빈국(資源貧國) 코리아가 미래를 보장받기 위해서는 해외시장의 진출 이외에 길이 없기 때문이다. 한국의 청년실업자 문제 해결을 위해서는 청년 일자리 기회 부여에 으뜸인 해외시장으로 범위를 확장할 필요가 있으며, 이에 대한 국가 위정자의 고민이 절실히 필요한 것이다. 그래서 나는 이 책의 첫 장을 두 편의 다큐멘터리 소개로 열었고, 동시에 중국의 '대국굴기'까지 소개하는 억척(?)을 보이고 있다.

대답은 이미 정해졌다. 제2부에 펼칠 중동지역과 북아프리카 시장의 소개를 위해서는 이러한 집필의 트릭이 필요하기 때문이다.

PART **2** | 자원빈국 코리아에 급변을 통한 기회시장으로
떠오르는 GCC와 마그레브

▶ ▶ ▶ 아랍권에 타오르는 민주화의 불길이 걷잡을 수 없을 만큼 거세게 번지고 있다. 높은 실업률과 권위적인 정부에 저항하는 히티스테의 함성은 정치·경제·문화·종파 등의 변화 요구로 이어지고 있다. 오랫동안 숨죽이고 살았던 그들이 이렇게 활화산처럼 폭발한 배경에는 디지털 미디어와 일자리 창출에 대한 요구가 그 중심에 도사리고 있다. 중동지역 여러 나라들에 이번 민주화 요구는 시대적 산물임과 동시에, 전 세계인이 요구하는 웰빙문화의 수혜자로 등극하는 일과 무관하지 않을 것이다. 향후 중동지역 국가들이 가는 방향도 지금의 민주화 요구에 이어 산업화로 박차를 가하고, 결국은 서방 국가들의 정체성인 복지국가 건설의 수순을 밟게 될 것이다. 특히 중동지역 국가가 가지고 있는 여러 가지 시장 특성은 정치체계를 닮고 있기 때문에 각기 다른 나라의 특수성 파악은 중동지역 조사 및 연구에 필수가 되고 있다. 이러한 시각에 따라 제2부는 사하라사막 이북의 마그레브(Maghreb) 4개국과 아라비아 海를 끼고 있는 산유국 등에 대한 보고서로 꾸몄다.

실제로 국제통화기금(IMF) 등은 세계경제를 지역별로 분류할 때 중동지역(Middle East)을 중동 산유국인 사우디아라비아와 카타르, UAE와 오만을 비롯하여 사하라사막 이북의 마그레브에 속한 알제리와 모로코, 튀니지와 리비아 등을 포함시키고 있다. 코샤리 혁명을 완

수시킨 이집트도 포함됨은 물론이다. 한국수출입은행이 매년 발행하
고 있는 『2010년 세계국가편람』에서도 이를 기준해 마그레브 4개국
은 중동지역에서 한 자리를 차지하고 있다. 따라서 '코리아 테크를
통한 아프리카 교두보 확보'를 위해서라도 이 중동지역에 대한 향배
와 관심은 그래서 긴요한 체크포인트까지 겸한다.

3 아라비아 海 연안 걸프협력회의 (GCC)에서 펼쳐지고 있는 새로운 기회 시장

1. 월드컵 특수가 기대되는 카타르

중동지역의 사막도시 카타르 도하는 21세기 아라비아나이트 역사를 다시 쓰고 있다. 옛날 머나먼 중국으로부터 뻗은 낙타의 길은 이제 아스팔트 4차선 고속도로가 깔려 있다. 나귀가 끄는 달구지 대신 포르쉐 스포츠카가 시속 200km로 달리고 있다. 전통 이슬람 사원인 모스크 첨탑 위로는 초고층빌딩 마천루가 올라섰다. 아라비아 모래사막 한가운데 휘황찬란한 보석처럼 최첨단 고층빌딩이 도하의 해안을 따라 일렬종대로 배치되어 있다. 도하가 최첨단도시로 변모하는 근대화 과정 속에서도 단 한 가지 변하지 않는 것이 있다면 바로 사막이다.

이곳은 1년에 비가 15mm밖에 오지 않는 불모의 땅으로 남아 있다. 강수량이 적다 보니 자연스럽게 해수 담수화플랜트 프로젝트는 이제 국가적 인프라로서 사회간접자본 투자의 기본이 되어버렸다. 이를 도시 인구의 식수로 해결하는 것 다음으로 장대와 같은 가로수 가꾸기를 책임지고 있다. 사막이 보석을 품었다면 이 보석을 빛내주는 거리의 가로수는 바닷물을 데워서 수증기로 만들고 이를 파이프를 통해 가로수 밑으로 보내고 있다. 상전벽해(桑田碧海)가 따로 없다. 이처럼 카타르는 2006년 아시안게임을 훌륭하게 치른 저력으로 오는 2022년 월드컵 개최국으로 도시국가 전체를 리모델링하고 있다.

◆ 감성 홍보의 초대

도하의 한여름 더위의 기온은 섭씨 45도를 훨씬 넘는다. 전형적인 사막지대의 혹서(酷暑)다. 한국 경기도만 한 크기의 국토를 지닌 카타르가 지난해 12월 3일, 2022년 월드컵 개최국으로 선정되어 다시 한 번 전 세계를 놀라게 했다. 이렇게 작은 나라에서 세계 최대의 스포츠 이벤트를 개최할 수 있을까? 에어컨이 설치된 경기장을 제대로 가동할 수 있을까? 석유와 천연가스를 판 돈으로 사들인 월드컵이라는 혹평도 있지만 과연 그게 전부일까?

카타르의 월드컵 유치를 위한 프레젠테이션 동영상을 보면 생각이 달라진다. 개최지 선정에서 탈락의 고배를 마신 한국 광고인들은 "동영상 내용으로 판단한다면 한국의 완전한 참패이다"라고 입을 모았다.

카타르의 동영상은 국가 홍보 영상과 스토리 영상으로 꾸며졌다. 특히 스토리 영상은 이란 영화 '내 친구의 집은 어딘가' 같은 유의 서정적 영화를 보는 듯한 인상을 준다. 바로 이 대목에서 저절로 고개가 숙여졌다. 동네 놀이터에서 맨발로 공을 차는 어린이들이 개최지를 발표하는 시간이 다가오자 서둘러 집으로 뛰어간다. 이어 동네 할

아버지의 눈도 TV로 향한다. 이때 화면에는 '월드컵 때는 이스라엘 팀도 오고 아랍 팀도 함께 경기를 하겠지. 서로에 대해 잘 알 수 있는 기회가 되겠지'라는 어린이 말이 자막으로 흐르고 있다. 중동에서의 월드컵이 왜 세계평화에 기여할 수 있는지를 감성으로 설득하고 있다. 이슬람 전통의상을 입고 달려가는 모습 뒤로 흰 비둘기가 날아오르기 시작했다.

◆ 오일머니를 바탕으로 월드컵 인프라 시설투자에 나선 카타르

KOTRA 중아지역본부 자료에 따르면 향후 카타르가 월드컵 인프라 시설에 1,000억 달러 규모의 투자를 지속할 것으로 전망했다. 카타르에는 2015년까지 철도에 250억 달러, 공항에 110억 달러, 교량 10억 달러, 항구 55억 달러, 도로 200억 달러 등 총 1,000억 달러 상당의 신규 투자가 이루어질 듯하다.

특히 카타르 월드컵 개최 시 가장 큰 난제로 지적된 6~7월 평균 45도를 오르내리는 온도와 높은 습도는 태양열로 발전하는 에어컨이 설치된 경기장을 건설하여 경기장 내 온도를 27도까지 낮추어 해결할 예정이다. 따라서 월드컵 경기장의 경우는 해체가 가능한 모듈형으로 설계한 다음 월드컵 개최 이후 일부시설을 개발도상국 축구장 건설에 시용하도록 계획하고 있다.

경기장의 모양은 카타르의 전통목선인 두하우(dhow)를 본떠 형상화한 85,000석 규모의 루세일(Lusail) 월드컵 주경기장을 비롯하여, 오아시스와 조개껍질 등의 독특한 형태로 설계된 경기장 12개가 건설된다. 카타르 메트로가 건설되면 어떤 경기장이라도 서로 간의 이용

시간이 불과 1시간도 걸리지 않을 것으로 기대하고 있다. 동시에 월드컵 관광객을 수용하기 위해 현재 5만 개의 객실을 향후 9만 5,000개까지 늘리는 것도 포함시켰다. 현대건설 카타르지사 관계자는 "카타르는 아부다비만큼이나 중동시장에서 가능성이 큰 곳이다"라면서 "가스 공사 등 각종 해외 플랜트사업이 한동안 주춤했었지만 대형 수주가 기대되는 건설시장으로 떠오르고 있다"고 밝혔다.

◆ 개혁 성향의 지도자 셰이크 하마드 빈 할리파 알사니 국왕

최근 중동지역에 불고 있는 민주화 물결은 카타르를 비켜가고 있다. 카타르는 독재정권의 퇴진과 변화를 요구하며 부패정부의 추방을 외치는 시위행렬이 없는 나라에 속한다. 물론 통치자의 치적에 대한 170만 카타르 국민의 신뢰성에서 가능한 일이기에 들불의 열기를 잠재우고 있는 것이다.

올해로 집권 15년째인 알사니 국왕의 통치력은 각종 경제지표에서 그대로 드러나 있다. 알사니 국왕은 매년 10% 이상의 실질적 경제성장률을 보였다. 그가 큰 관심을 보이고 있는 분야는 교육과 스포츠산업이다. 1997년 코넬대학(의학)을 비롯하여 카네기멜런대학교(컴퓨터공학)와 텍사스대학교(공학) 등 각 분야에서 세계 최고 수준의 미국 대학 5개를 한꺼번에 유치했다.

왕비가 회장인 카타르재단을 만들어 '에듀케이션시티(교육도시)'를 구축하기도 했다. 하마드 국왕은 스포츠를 사랑하는 지도자이다. 앞에서 소개한 대로 대규모 스포츠 시티를 조성한 후 아시안게임을 성공적으로 치른 자신감에 이번 월드컵 개최국 영광의 터전을 이미 닦아냈다.

세계의 대사건이 발생하는 곳에 미국 CNN이 있다면 아랍지역의 사건에도 알자지라 방송이 책임을 지고 있다. 알자지라 방송은 이번 중동지역에 번지고 있는 들불의 시위대 요구를 잘 소개하고 가장 잘 설명하는 방송국으로서 굳게 자리를 잡았다. 실제 카이로의 봄을 맞아 알자지라 방송은 하루 24시간 동안 방송을 내보내는 열정을 보여주었다.

이를 통해 '카타르＝알자지라 방송'이라는 등식을 공식적으로 지칭하게 되었다. 물론 앞에서 소개한 월드컵 유치 프레젠테이션 동영상도 알자지라 방송국의 작품이다. 작품에 그치지 않고 유치의 일등공신으로 평가를 받는 데 누구나 공감할 정도다.

2010년 전 지구촌을 들썩였던 남아공 월드컵을 성공적으로 치른 남아프리카공화국처럼 오는 2022년 월드컵 개최로 카타르는 아라비아 해안의 소국이 아닌 스포츠와 아랍문화가 공존하는 관광국가로 거듭날 것으로 예상된다.

2. 전 세계 석유시장을 주름잡은 사우디아라비아

상호 경쟁적으로 도시발전에 힘써 온 중동지역 산유국은 창의적인 정책 발상보다는 시행착오와 정책실패를 비켜가는 쪽으로 미투(mee too)전략에 이력이 붙고 있다. 절대적인 국가 권력이 통치자에게 몰려 있기 때문에 창의적인 발상에 우선하여 이웃 나라의 경제발전과 경제모델에 의한 도시변화를 추구하는 데 달인이다. 이런 잣대로 보면 사우디아라비아는 운신의 폭이 넓어진다. 세계 최대의 산유국에다 세계 석유시장을 좌우하는 석유수출국기구(OPEC)의 맹주로서 사우디아라비아 정책집행은 항상 초미의 관심사 중 하나였다.

리비아 카다피 국가원수의 민주화 저항이 한창이던 2월 24일 두바이산 원유가는 1배럴당 최근에 처음으로 110달러에 육박해 전 세계 증시에다 찬물을 끼얹었다. 바로 그 전날 압둘라 빈 압둘아이즈 알 사우드 사우디아라비아 국왕이 수도 리야드 킹 칼레드 공항으로 귀국했다. 압둘라 국왕은 미국 뉴욕에서 디스크 수술과 척추 주변 혈액이 응고되는 희귀병 치료를 받은 뒤 모로코에서 요양을 하고 3개월 만에 귀국길에 올랐다. 중동지역에 들불처럼 번지고 있는 민주화 요구가 사우디아라비아를 비켜갈 수 없는 국제정세와 맞물려 서둘러 귀국할 수밖에 없었을 터다. 압둘라 국왕의 귀국에 즈음할 당시까지 요동치는 국제유가를 외면하던 OPEC은 서둘러 폭등하는 유가를 진정시키는 일에 가담하기 시작했다. 마수드 미르 카제미(Masoudv Mir Kazemi) OPEC 사무총장이 "사우디아라비아는 지금의 리비아 사태에 따라 원유증산에 나설 것이다"라고 밝히자 고공행진을 하던 국제유가는 하루 만에 진정국면을 보였다.

압둘라 국왕이 귀국을 서두르게 된 직접적인 동기는 2월 13일 로이터통신이 발표한 '이슬라믹 움마'라는 민주화요구 정치 결사체가 처음 구성되었음과 무관하지 않았다. 정당 및 결사체의 정치활동이 금지된 사우디에서 이슬라믹 움마의 탄생은 이례적인 일이지만 이 정치단체에는 이슬람 지식인과 인권활동가들이 대거 포진하고 있어 긴장이 고조되고 있다. 같은 날 이 정치단체의 한 활동가는 압둘라 국왕에게 편지를 보내 "지금 이슬람 세계에서는 자유와 인권의 개선을 위한 커다란 정치적인 움직임이 나타나고 있다"면서 "이 움직임을 사우디에 가져와야 할 때다"라고 밝혔다.

◆ 귀국 첫 정치적 행보는 바레인 국왕 접견

압둘라 국왕은 귀국 다음 날에 반정부·민주화 시위에 휩싸인 하마드 빈 이사 알 할리파 바레인 국왕의 방문을 받았다. 시위 사태를 전해 들은 사우디 국왕은 총 1,350억 리얄(약 40조 원)에 달하는 경기부양책을 서둘러 발표했다. 사우디 국민이 보통 18년을 기다려야 했던 주택담보대출을 무이자로 즉각 지원하고, 실업급여와 결혼자금까지 주는 패키지로 민생지원정책을 내놓았다. 공무원 임금도 15% 인상하도록 했다.

사우디에서 그 즈음까지는 이슬라믹 움마라는 정치 결사체 구성을 제외하고는 왕정 타도를 외치는 대규모 시위가 없는데도 선제조치에 나선 것은 바레인 정부가 이란과 연계된 시아파 시위대에 무너져 사우디에 영향을 끼칠 것을 우려하고 있었기 때문이다. 이럴 때 민생 달래기는 시대적 상황에 대한 대응책이었다. 알 할리파 바레인 국왕은 소외계층인 시아파 국민들이 집권층인 수니파의 차별정책에 항의하며 시위를 하자 가구당 1,000디나르(약 300만 원)를 지급하겠다는 민생지원정책을 발표한 바 있다.

◆ 탄력을 받고 있는 사우디아라비아 4개 신도시 건설

카타르가 월드컵 개최를 위한 도시리모델링에 돌입하자 미투전략에 강한 사우디아라비아는 그동안 더디게 진행되고 있는 4개 신도시 건설에 국력을 쏟기 시작했다. 특히 킹 압둘라 경제도시건설은 산업화(Industrial)와 공동성(Public), 그리고 개인화(Personal)를 극대화시킨 지능형 도시(Smart City)로서 기대를 걸게 했다. 이 신도시 건설 프로젝트를 살펴보면 대체로 도시 비전의 윤각이 드러나 있다.

(1) King Abdullah Economic City
- 도시규모: 168km^2
- 투자금액: 500억 달러
- 위치: 라비그(Rabigh)
- 사업기간: 2007∼2030년
- 도시특성: 항만·공업·금융거주·교육단지 구축으로 세분화
  시켜서 최상급 경제신도시를 지향하는 일임과 동시에 사우디
  의 최대 민간 프로젝트에 해당한다.

(2) Prince Abdulaziz Economic City
- 도시규모: 156km^2
- 투자금액: 156억 달러
- 위치: 하일(Hail)
- 사업기간: 2006∼2016년
- 도시특성: 중북부 지방의 물류중심도시로서 농업과 광물개발
  등을 육성하는 도시를 지향한다.

(3) Jizan Economic City

- 도시규모: 110km²

- 투자금액: 300억 달러

- 위치: 지잔

- 도시특성: 에너지 및 노동력 기반산업 중심의 서남부 중심축
  개발지향

(4) Tabuk Economic City

- 도시규모: 161km²

- 투자금액: 300억 달러

- 위치: 타북

- 사업기간: 2006~2030년

- 도시특성: 서북부지방을 대표하는 교육과 문화의 도시를 지향
  하고 있고 술탄 왕세자가 주축이 되어 건설에 임하고 있다.

이처럼 사우디아라비아는 4개 신도시 건설을 통해 국가 미래를 준비하고 동시에 교육을 통한 인재양성을 도모하는 정책적 결정에 착수했다. 특히 지잔 신도시 건설에는 한국 건설기업들이 다수 참여해 잘 알려진 곳에 해당한다.

◆ 걸프협력회의(GCC)에서 사우디아라비아 비중

글로벌 금융위기 이후 GCC의 경제성장률은 고른 성장세보다는 국가마다 다른 비율을 보이고 있다. 금융업에 치중한 바레인은 국제금

융 악재를 피해서 리스크 관리에 뛰어나 2010년 경우 18.5% 성장세를 보였다. 사우디의 4.0%보다 14.5%가 더 많았다. 재정수지 측면에서도 바레인은 13.0%인 반면 사우디는 6.7%에서 여기서도 6.3%가 더 많았다.

하지만 최근 중동지역에 불고 있는 민주화 요구에 GCC 권역에서 바레인과 오만은 정권 퇴진을 요구받고 있어서 2011년은 안갯속으로 빠질 공산이 높아가고 있다.

◆ 사우디아라비아에 진출한 한국가스공사

한국가스공사는 사우디 주바일에서 연간 30만 톤 규모의 천연가스 DME 시대를 열고 있다. 2009년 9월 20일 지경부 발표에 따르면 한국 가스공사는 한국 기업들과 컨소시엄을 구성해 4,000억 원 규모의 시설투자를 실행하여 'DME 플랜트'에 착수할 것을 발표한 바 있다. DME는 LPG와 유사한 물리적인 특성을 보유하고 있지만 우리가 잘 알고 있는 LPG 인프라스트럭처를 이용해 디젤엔진 대체연료로 각광을 받고 있다.

이번 플랜트 건설은 정부의 DME 상용화 계획과 발맞춰 진행되고 있다. 2003년 한국가스공사가 2003년 독자적인 한국형 DME 제조공정 개발에 성공한 것에 대한 자신감에서 사우디아라비아에 건설의 깃발을 꽂은 것으로 이해하고 있다.

한국수출입은행이 발행한 『2010 세계국가편람』에 따르면 한국과 사우디아라비아와의 무역통계는 2009년 한 해 동안 한국은 이 나라에 해외플랜트와 자동차 등을 수출한 38억 5,000만 달러에 이른다. 반면 사우디가 한국에 수출한 무역통계는 원유와 석유제품 등으로 197

억 3,000만 달러에 달하고 있음을 알 수 있다. 자원빈국 한국에서 사용하고 있는 원유의 32%를 사우디아라비아에서 수입하고 있기 때문에 이 같은 무역역조의 개선은 당분간 그림의 떡일 수밖에 없겠다.

3. 민주화 요구로 기로에 선 오만

오랫동안 중동지역의 은둔자로 알려진 오만 술탄(Sultanate of Oman)은 서서히 껍질에서 나와 친절한 사람들과 극적인 풍광, 그리고 수많은 역사적 요새(要塞)를 드러내고 있다.

이번 중동·북아프리카에 불고 있는 히티스테들에 의한 민주화 요구는 오만을 비켜가지 않았다. 지금의 오만 통치자는 1970년 부친에 반기를 들고 쿠데타를 일으켜 정권을 잡은 전력을 지니고 있다. 인접국인 예멘은 그동안 수니파 사우디와 시아파 이란의 대리전쟁터로 알카에다의 힘이 실린 곳이기에 테러의 다발지역이었다. 하지만 오만의 경우는 민주정책 지향의 근대화를 영국으로부터 일찍이 전수(?)받아 국력배양과 국가부흥을 이루고 있어서 우선적으로 대조가 된다. 그러나 오만의 히티스테는 그 이상을 요구하고 있다.

◆ 오만의 역사와 변신

실제 오만은 GCC 권역 6개국 가운데 최빈국이었다. 면적은 한반도의 1.4배인 310만km²에 인구는 3백만 명 내외다. 오만 국내 GDP는 640억 달러, 1인당 국민소득은 2009년 현재 2만 3,701달러로 한국보다 높다. 또한 오만의 수도 무스카트(Muscat)는 다른 GCC 국가들과 다르게 제 모습을 지니고 있다. 우선 이들과 비교하면 오일머니 졸부의 도시 환경과 다르게 벼락부자의 느낌이 배제되어 있다.

17세기에서 19세기까지 오만은 처음에는 포르투갈, 다음에는 영국과 걸프지역의 영향력을 두고 경쟁해 온 제국주의 세력 등이 득세했다. 그러나 1970년 술탄 카부스 빈 사이드(Qaboos bin Said)가 즉위한 이후의 국가발전은 오만의 빈약한 석유 보유고를 고려할 때 놀라운 부흥이다. 이전 술판 사이드 빈 타이무르(Said bin Taimur)가 오만을 바깥세계로부터 봉안해 둔 것을 감안해 보면 더욱 그렇다.

역사적으로 오만은 1938년 선대 국왕 사이드가 권좌에 오르지만 온전한 지배력 행사보다는 쇄국정책(鎖國政策)을 고집한 데다 1959년 이전까지는 종족 간의 정치 분쟁에 휘말렸다. 이로 인해 오만의 경제와 국력은 쇠퇴일로를 겪었다. 이를 지켜본 영국은 그의 아들 카부스를 도와 쿠데타를 성공시켰고, 이를 통해 지금의 오만은 아라비아 해안(또는 걸프灣) 초입에 위치해 GCC 권역국가의 일원이 되었다. 오만이 국제사회의 승인을 받은 것은 1970년 7월 카부스가 등극하고 권좌에 오르면서부터다. 다른 신생국가가 그러하듯이 오만의 과제 역시 '근대화'였고 카부스는 백지상태에서 오만의 부흥을 일으키고 있다.

특히 오만은 1970년 한국과 말레이시아의 '경제개발 5개년 계획'을 벤치마킹해 새로운 오만형 성장모델을 완성시키는 데 국력을 모았다. 먼저 극소량의 원유 수출에서 얻은 수입으로 필요한 인프라 건설에 투자하는 작업을 시작했다. 워낙 빈국이다 보니 경제가 이륙하는 데 시간이 걸렸다. 비록 시간은 오래 걸렸어도 50년 장기계획을 세우고서 차근차근 다져나감은 물론이다.

1970년 처음 경제개발 수립 이후 7기(2006~2010년)까지 오만 정부가 경제부흥에 쏟아부은 돈은 179억 7,680만 오만리알(약 53조 원)에 달한다. 1970년 당시 단 2곳뿐이던 병원은 현재 600개에 육박할 정도로 늘어났다. 전무(全無)했던 포장도로는 지금 오만의 주요 도시의 핵심수송망을 담당하고 있다.

◆ 오만 식(式) 히티스테를 위한 일자리 창출 정책

오만 정부는 2007년부터 청년실업 문제를 정책적 어젠다로 삼아 히티스테를 위한 일자리 창출에 정책적 우선순위에 두었다. 이게 바로 지금의 민주화 운동에서 오만을 잠시 비켜가는 이유다. 이웃 나라 예멘과 다른 정책적 접근방식이기도 하다. 외국기업이 오만에 진출할 때 오만 청년 인재를 일정 비율 이상 취업시키겠다는 규정을 계약서에 명시토록 했다. 그 결과 청년 일자리가 늘고 부(富)의 재분배 효과가 나타나기 시작했다. 이를 통해 오만 정부는 사회간접자본 투자와 선진 금융시스템 도입, 상대적으로 낙후된 사막지대에 대한 대규모 투자도 병행시켜 경기 부흥의 단초를 이룩한 셈이다.

여기다가 오만 카부스 정부의 경제적 부흥을 깊게 파헤쳐 보면 이슬람 문화권의 종파에서 비교적 온건한 '이바디파'가 전체 인구의 80%를 차지하고 있어서다. 시아파, 소니파와 다른 온건한 이바디파는 중동국가와 달리 서구 문명에 대해 매우 개방적인 인식과 태도를 견지하고 있다. 따라서 오만 정부는 젊은 층에 차도르 착용이나 히잡의 사용까지 강요하지 않고 위임시키고 있다. 젊은 여자들도 얼마든지 교육을 받고 일할 기회가 열려 있다. 지금은 휴가 때마다 인근 아부다비나 두바이로의 쇼핑을 자유자재로 할 수도 있다.

현재 경제개발계획 8기에 접어들면서 오만 경제의 화두는 외국인 투자유치다. 해외자본을 유치하기 위해 오만 정부는 금요일이 휴무인 이슬람 전통을 깨고 외국인이 주로 이용하는 은행은 토요일에 쉬도록 하는 등 각종 지원책을 수립하고 있다. 더 보태서 외국인에 의한 100% 현지 출자 법인까지 설립이 가능하도록 법과 규정을 보완하는 기민성까지 갖추고 있다. 실제로 오만에는 외국인 자본이 몰려들고 있다. 2003년 약 2조 6,625억 원 수준이던 외국인 직접투자(FDI) 규모는 2008년 12조 7,211억 원으로 5년 사이에 5배의 신장세를 기록했다.

최근 한국 지경부에서도 오만의 시장 확보를 위해 뻔질나게 오가는 뉴스가 이곳 오만 언론매체의 단골 기사가 될 정도다. 때문에 우리는 더욱더 오만의 장래를, 오만의 향배를 주시하고 있는지 모른다.

4. 7개 토후국에 의해 설립된 아랍에미리트연합(UAE)

이슬람법은 샤리아(Shariah)·순나(Sunnah)·이즈마(Ijma)·키야즈(Qiyas) 등을 토대로 한다. 이 네 가지 법과 규칙은 아랍에미리트연합(UAE) 490만 에미리트에게 통용되는 신앙이자 정체성의 근본이 되고 있다. 하긴 이슬람을 믿는 무슬림들에게도 공동으로 적용되는 관습적 신앙의 핵심이다. 샤리아 법은 쿠란을 토대로 성립된 법으로 네 가지 법 가운데 가장 중요한 위치를 차지한다. 나머지 법률은 순차적으로 적용이 되며 샤이라 법을 보완하거나 이 법에 명시되지 않는 기타 사항들에 대한 해답을 얻기 위한 법적 개념으로 이해할 수 있다.

예를 들면 순나 법은 세대를 통해 전해져 내려오는 예언자의 행동이나 언행을 모아 놓은 것이며 이즈마 법은 샤리아나 순나 법에 명시되지 않는 종교적인 문제점들에 대한 해결책으로 간주된다. 마지막으로 카야스 법은 위의 세 가지 법률에서 비켜 있는 다른 잡다한 문제점을 해결하는 시행령 기준으로 보면 된다. 무슬림(Muslim)이 믿고 있는 쿠란의 탄생이 670년 이후이기 때문에 1,340여 년 전에서부터 시행된 이 네 가지 법률의 적용은 시대와 문화의 변천에 따라 변하고 보안의 수순이 필요했을 것이다. 이렇게 필요 이상 이슬람법을 소개하는 이유는 UAE의 독특한 정책적 구조를 설명하기 위해서다. 오만 정부가 무슬림의 종교성향이 시아파와 수니파로 양분된 아랍 세계에서 특유의 온건 지향의 이바디파 존재에 따른 수혜국가로서 존재가치를 지녔다면, 이에 대비되는 UAE만의 정부 구조체제와 무슬림이 믿고 따르는 이슬람 신앙심이 돈독하기 때문이다. 이를테면 이슬람의 다섯 기둥인 신앙고백과 기도의식, 자선과 금식, 그리고 성지순례를 지키는 데 남다르기에 더욱 그렇다.

◆ 7개 부족이 뭉친 연합식 정부 구조체제

UAE의 정부 구조체제는 7개 부족이 연합체로 귀속되어 있다. 이 부족들은 '정의'를 관장하는 셰이크(Sheikh)에 의해 지배되고 있다. 에미르 혹은 셰이크는 왕세자를 일컫는 말이지만 주로 '통치자'의 뜻으로 많이 사용되고 있다. 1965년 아랍연맹에 상임위원회가 설립될 당시에는 바레인과 카타르가 포함된 에미리트 연합국이 구상되었지만, 이후 1971년 두 나라는 단독으로 독립을 선언하면서 분리되어 결국 7개 부족을 기반으로 한 아랍에미리트연합(Republic of Aragola)은 지금은 통상 UAE(United Arab Emirates)로 표기되고 있다.

도시국가 아부다비에는 UAE 행정부가 있고, 각기 다른 에미리트인 두바이를 비롯하여 샤르자와 푸자이라, 라스알카이마와 아지만, 그리고 움알카이와인 등 모두 7개 부족국가가 연합체 정부 구성을 이루었다. 그래서 지금은 500여 개에 달하는 부족 간 내전상태의 리비아와 선을 긋고, 이미 연합체를 구성하여 민주화 요구는 이미 졸업(?)하고 있는 중이다. 이를 포장해 보면 '준비된 국정 체제'를 갖추었음을 의미한 졸업일 수 있다.

하지만 7개 부족국가의 빈부와 경제는 피부로 느낄 만큼 사회간접인프라와 교통시설 등에서 현격한 차이점을 보이고 있는 것도 사실이다.

◆ 셰이크 칼리파 대통령의 도전과 약속

넓은 국토와 많은 인구의 국가는 규모의 경제를 이룰 수 있다. 그러나 정책 결정은 항상 발목이 잡히는 단점이 도사리고 있다. 흔히 브릭스(BRICs)라고 불리는 브라질·러시아·인도·중국 등이 그렇다고 볼 수 있다. 반면에 싱가포르와 UAE는 여기에서 예외가 된다. 분명 여기에는 세계가 인정하는 문화가 있고 정치지도자의 리더십이 힘을 얻으면서 여러 가지 단점마저 불식시키고 있음을 뜻한다. 예를 들면 문화유산과 천연자원, 지도자의 리더십에서 기인된 비전이 삼위일체가 되었을 때 전 세계인으로부터 찬사와 존경을 받고 그 국가는 규모의 경제와는 무관하게 주목을 받기에 이른다.

UAE의 미래와 로망은 UAE를 이끌고 있는 대통령의 리더십과 매우 깊은 관계에서 시작되고 있다. 세이크 칼리파 빈 자에드 알 나흐안(HH. President Sheikh Khalifa bin Nahyan) 대통령에 의해서 그 진가가 발휘되고 있는 것이다. 우선 안정적인 치안 확보와 튼튼한 경제기조에서 국위선양의 터전을 이루었고, 통치철학은 전 국민이 항상 마음속 깊이 감사하게끔 세워져 있다. 칼리파 대통령은 2004년 11월 3일 선대 셰이크 자에드 대왕이 승하하자 UAE 7개 토후국 수장들이 모인 최고위원회 자리에서 선출된 이후 올해로 7년째에 이르고 있다.

지난 2009년 12월 27일 아부다비 도심 소재의 에미리트 팰리스호텔 프레스센터에서 한국이 원자력발전 수주에 첫 테이프를 끊은 나라가 UAE이다. 이를 통해 너무나 잘 알려진 나라이고, 지난해에는 아랍어로 '형제'라는 의미인 120명 규모의 아크부대가 알아인에 파견되었다. 특히 세계화를 상징하는 UAE의 두 날개인 에티하드항공과 에미레이트항공의 인천공항 직항편을 운영하는 중동국가에서 유일한 국가이기도 하다.

<표 3-1> 걸프협력회의(GCC) 개요

회원	사우디아라비아 UAE 쿠웨이트 오만 카타르 바레인 등 중동 6개 산유국
역사	1981년 설립, 2003년 역내 무관세 실현, 2010년 공동화폐 도입 예정
인구	3,580만 명
GDP(1인다)	5,362억 달러(1만 4,900달러)
석유 가스 수출액	2006년 6,000억 달러 예상 (석유 3,300억 달러, 가스 2,700억 달러)

4 민주화의 기로에 선 마그레브

1. 한국 국회외교와 손잡은 알제리

중동과 아프리카와 유럽을 삼각대로 이어준 시장 확보의 거점지대인 마그레브(Maghreb)는 최근 민주화 요구로 혼돈의 미로에 빠졌다. 유럽에서는 마그레브하면 흔하게 알제리와 모로코, 튀니지와 리비아 등을 지칭하는데 본말은 아랍어로 '해가 지는 땅'이다. 흑인보다는 아랍인과 베르베르인이 많고, 역사적으로는 유럽사회의 일부로 정리되고, 경제 및 사회적으로는 중동지역의 일부로 여겨지고 있다.

실제로 국제통화기금(IMF) 등은 세계경제를 지역별로 분류할 때 중동지역은 사하라사막 이북의 북아프리카 4개국을 포함시키고 있다. 반면 사하라사막 이남은 아프리카로 구분해 통계를 내고 있다. 한국수출입은행이 매년 발행하고 있는 『2010년 세계국가편람』에서도 이를 기준해서 마그레브 4개국은 중동지역에서 한 자리를 차지하고 있다.

지중해 땅, 천혜의 자연환경, 사하라사막, 유전과 천연가스 지대, 영화 카사블랑카…

이처럼 마그레브에 갖는 이미지는 다양하고 또 시장가치로서 그동안 유럽기업에는 블루오션이었다. 실제 유럽은 동유럽이 경제위기로 휘청거리는 동안 싸고 질 좋은 노동력에 높은 점수를 주었다. 더 매력적인 점은 양질의 인적 자원까지 구비해 대체기지로서 각광을 받아 왔었다. 독일 시사주간지 슈피겔에 따르면 지난 5년 동안 마그레브에 대한 첨단산업 공장이 속속 유치되면서 제조업의 해가 뜨기 시작했다고 대서특필했다.

지리적으로 아프리카에 속하지만 유럽과 가까워 물류비용을 줄일 수 있다는 것도 장점이다. 지브롤터 해협을 넘어 13km만 가면 바로 스페인에 닿는다. 동유럽에 비해 인프라가 낙후되어 있고 아랍권에 속해 테러가 잦다는 것이 약점으로 꼽히고 있었지만 전망을 밝게 보아 왔었다. 그래서 모로코의 카사블랑카에 공장을 세운 프랑스 르노 닛산자동차는 또 모로코 서북부 해안도시 탕헤르에 직원 6,000명 규모의 공장을 가동하게 되었다.

미국과 유럽의 항공기 제조업체들도 몰려왔었다. 유럽연합 합작사인 에어버스는 튀니지 북부 므기라에 7,600만 달러 규모의 조립공장을 운영하고 있다. 미국 보잉사도 카사블랑카에 모로코와 합작공장을 운영하고 있으며 항공엔진 제조사인 프랑스 사프란도 마그레브지역 전체에 6개 공장을 가지고 있다.

이게 2011년 1월과 2월까지의 마그레브 전체에 해당하는 진실게임의 전부다. 지금 4개국에서 튀니지는 '튀니스의 봄'을 겪고 있고 리비아는 카다피 국가원수의 42년 통치권력 역사와 운명을 함께하고 있다. 오랜 내전과 정치적 갈등으로 기사회생한 알제리는 '재스민 혁명'의 여파로 전전긍긍하고 있다. 모로코 역시 좌불안석(坐不安席)이나 다름없다. 그런데도 마그레브 경제대체기지를 등재하는 이유는 이 책의 집필목적이 지금이 아닌 미래 중동시장을 위한 연구·조사를 완벽하게 정리하기 위해서다. 마그레브는 당연하게 수록이 불가피해 보였고, 그렇게 정리될 공산이 커진 것은 이런 이유가 있기 때문이다.

◆ 34년 만에 알제리 문민정부 부활

알제리는 한반도의 11배에 달하는 국토에 인구는 3,400만 명이다. 국토의 80%를 사하라사막이 차지하고 있다. 알제리는 제2차 세계대전 이후 8년간의 치열한 싸움을 거쳐 프랑스로부터 독립을 쟁취했다. 1962년 7월 3일의 일이다. 정치체제는 공화제이지만 종교 간 이견과 부족 간 갈등으로 비싼 수업료를 지불하면서 오늘의 알제리를 구성하고 있다. 알제리 국기에서 잘 드러나 있듯이 녹색은 용기, 백색은 순결을 의미하며 초승달과 별은 국민 90%의 수니파로 이루어진 이슬람의 상징이다. 그리고 적색은 독립을 쟁취하는 과정에서 알제리 국민이 흘렸던 피를 잊지 않기 위해서다.

압델 아지즈 부테플리카(Abdelaziz Bouteflika) 알제리 대통령은 국민 투표에 의해 대통령에 당선된 1999년 4월 이후에도 2004년 연임되어 오늘까지 재직하고 있다. 그냥 편하고 쉽게 오늘까지 연임되었다고 기술하고 있지만 알제리 독립 이후 49년 동안은 그야말로 형극의 가시밭이었다. 1954년에 발족된 민족해방전선(FLN)은 독립운동의 주체였지만 내분으로 힘을 분산시켰고, 1992년의 군사 쿠데타 발생을 초래했다.

그리고 제르알 대통령의 임기 종료 직전 사임에 따른 대통령선거가 1999년 4월에 실시되어 군과 민주국민연합 등 주요 4개 정당의 지지를 얻은 외무부장관 출신의 아지즈 부테플리카 대통령이 당선되었다. 알제리에 문민정부가 부활한 것은 1965년 34년 만에 처음이었다.

◆ 한국을 찾아온 아지즈 부테플리카 대통령

2006년 한국을 찾은 아지즈 부테플리카 알제리 대통령은 한국의 급속한 경제발전상화에 고무되어 매년 한국에 공무원 100명씩을 단기 연수시키고 있다. 발전방법과 노하우를 배우기 위해서다. 또한 2009년부터는 이공계 분야 중심으로 매년 25명씩 한국 대학의 석·박사 과정에서 한국기술을 배우도록 하고 있다.

최근 수도인 알제 주변의 브이난 등 3곳에는 스마트시티(s-City)를 추구하는 '시디 압델라' 신도시가 계약 이후 공사에 진척이 없었다. 또한 경남기업이 수주한 '젠젠항만 공사' 역시 대우기업의 '시디 압델라 신도시'와 닮은꼴이었다. 하지만 관련 두 개 기업은 알제리에서 해외플랜트 명품 신화를 얻어내기 위해 최선을 다하고 있다. 정해웅 대사는 "알제리는 프랑스 지배를 받은 역사적인 배경으로 인해 유럽 강대국보다는 한국을 최적의 파트너로 생각하고 있다"고 전했다.

알제리는 자주 반복되는 정전문제를 해결하기 위해 송배전시설 현대화가 시급하다. 이규선 KOTRA 알제리 관장은 "한국은 알제리에

발전소 건설이나 소배선 현대화 작업, 전기 및 가스검검제도 개선지원 분야 등에서 협력할 수 있을 것이다"라면서 "사하라 농촌마을에 필요한 태양광발전 시스템 구축은 마그레브에서 블루오션이 된다"고 밝혔다. 특히 자원보고인 사하라사막에서는 천연가스 생산량이 매년 848m³로 아프리카 최대 생산국이 되고 있다. 일반광물은 석유와 가스처럼 대부분 사하라 지역에 분포하고 있다. 남부 호가르 지역은 우라늄과 텅스텐을 다량 보유하고 있어 자원빈국 한국에 기대를 걸게 한다.

◆ 국회의장의 현지공사 외교성과

2011년 1월 4일.

알제리 국빈방문차 순방길에 나선 박태희 국회의장 일행은 경유지 프랑스공항을 벗어날 무렵 알제리 시위소식을 들었다. 그러나 모처럼 맞고 있는 한국과 알제리의 미래를 위해 외교일정을 강행했다. 그리고 직접 압델 아지즈 부테플리카 대통령과 만나 이 문제 해결을 촉구했다. 2009년 11월에 계약을 체결한 대우건설의 '시디 압델라' 신도시는 총 공사비가 1억 7,000만 달러이고, 경남기업 '제제항만 공사'는 6억 5,000만 달러나 되지만 지진부진을 면치 못했다. 명쾌한 국정 스타일로 정평이 난 아지즈 부테플리카 알제리 대통령은 이렇게 박태희 국회의장에게 조속한 처리를 약속했다. 정상급 한국 외교가 얻어낸 결과로 구분될 수 있다.

"박태희 국회의장님, 왜 이제야 오셨습니까? 좀 더 일찍 오셨더라면 더 빨리 착공통지서가 발급되었을 텐데요…"

2. 한국 전자정부가 전수된 모로코

통상 우리가 모로코(Kingdom of Morocco)하면 세 개의 도시부터 연상하기 마련이다. 영화에서 기억이 전해질 '카사블랑카(Casablanca)'와 에코의 소설 '장미의 이름'의 배경이 되었던 '페스(Fes)', 그리고 모로코 수도 '라바트(Rabat)' 등이다. 카사블랑카는 모로코 경제의 중심지이자 해·공 교통의 요충지로 인구 150만 명을 이루고 있다. 반면 페스는 고대 이슬람문명의 보고로서 전 세계인의 관광명소로 거듭나고 있다. 이어서 라바트는 모로코의 수도답게 행정과 입법 등의 중앙기구가 모여 있고 인구는 157만 명에 달한다.

역사적으로 보면 모로코는 알제리처럼 1956년 프랑스로부터 독립을 얻어낸 나라로 한반도의 2배 크기에 인구는 3,100만 명으로 입헌군주제의 정치체제를 이루고 있다. 여기도 재스민 혁명의 열기로 시위가 발생하고 있지만 분명한 것은 마그레브 네 나라 가운데 가장 양질의 노동력을 품고 있는 것이다. 최근 이들로 구성된 좌모로코의 히티스테들은 재스민 혁명에 의해서 자신을 일깨우고, 이제 시장을 넓혀가기 위해 목소리를 내고 있다.

◆ 모로코에서 들려오는 첫 공사 수주

해외건설협회에 따르면 올해 1월 24일 대우건설은 국내에서 처음으로 모로코에서 1조 2,000억 원 규모의 해외플랜트 공사를 수주했다고 밝혔다. 대우건설은 모로코 카사블랑카에서 조르프 라스파 에너지와 함께 조르프 라스파 발전소 건설공사 계약을 체결했다. 이 발전소는 카사블랑카에서 남서쪽으로 140km 지점에 위치한 조르프 라스파 산업단지에 700MW 규모의 석탄화력발전소 2기를 건설하는 공사다. 이번 발전소 공사는 대우건설이 설계와 구매, 시공과 감리 등을 일괄적으로 수행하는 EPC방식으로 진행되며 공사기간은 착공 후 39개월이다.

대우건설 관계자는 "한국 건설사 가운데 최초로 모로코 해외플랜트 건설공사를 수주한 것을 넘어 프랑스 알스톰 등 세계적인 건설업체들을 제치고 수주에 성공했다는 데 의미가 있다"고 강조했다. 우선적으로 대우건설은 모로코 조르프 라스파 산단에 건립될 화력발전소 수주에 의해 마그레브 시장을 두루두루 선점하고 있다는 점이 돋보인 대목이다.

◆ 유네스코 세계문화유산으로 등재된 페스

1200년 전의 도시 모습을 간직한 중세 이슬람 중심지인 페스(Fes)는 신(新)시가지와 구(舊)시가지로 구분된다. '페스 알 바리'라고 불리는 구시가지는 809년부터 건설된 오래된 구역이다. 페스의 구시가지는 거미줄처럼 얽힌 좁은 골목들이 무려 300km 이상 펼쳐져 미로(迷路)를 이루고 있다. 이 안에는 모스크를 비롯하여 쿠란학교와 아랍전통시장 수크, 세계적으로 유명한 천연 염색장 등이 몰려 있다. 이곳 대부분의 건축물은 9세기부터 14세기에 이르기까지 지어졌고 그 뒤 큰 변화 없이 유지되고 있다.

특히 안달루스와 카라윈 구역은 역사적 가치를 웅변하기에 부족함이 없다. 스페인 안달루스에 살다 정치적 박해를 피해 지브롤터 해협

을 건너 이주한 사람들이 자신의 정체성을 유지하기 위해 페스에 안
달루스를 만들었다. 또 이슬람교를 전파하기 위한 아랍인들의 열정은
튀니지 카라윈을 떠나 이곳 페스로 이주해 카라윈 구역을 만들었다.
카라윈 모스크와 카라윈 이슬람 신학교는 페스를 북아프리카 이슬람
의 중심지로 만들었다. 이렇게 살아있는 페스의 중세기 모습은 유네
스코의 관심을 끌었고 그 연장선상에서 1981년 페스의 구시가지 전
체를 세계문화유산으로 지정했다.

에코의 소설 '장미의 이름'에서 배경이 된 페스는 이슬람문화의 극
치에 충격을 받은 서구인들에게 부러움과 동시에 자신들의 무지에
대한 반성을 저절로 불러오게 만들고 있다. 그러나 이번 민주화 열풍
을 지켜본 세계인들에게는 역사와 정치, 종교와 문화에서 오는 모순
과 갈등을 얼마만큼 조화롭게 이루어내야 할지에 대한 새로운 과제
를 안게 되었다. 마그레브로 지칭되는 모로코에서 카사블랑카와 페
스, 그리고 라바트를 삼위일체시키면 여기에 대한 해법이 나올 수 있
다는 생각이 순간적으로 내 뇌리를 치고 있다.

그 끝자락에는 혼돈과 미완이 교차되면서 마그레브 가운데 앞에서
소개한 알제리와 모로코 다음으로 또 리비아와 튀니지가 남게 된다.

3. 매우 공든 리비아 건설시장과 유전(油戰)의 서막(序幕)

리비아 내전에서 시민군이 사실상 승리함에 따라 세계적 석유 메
이저들이 리비아 원유 확보를 위해 총력전을 펼치고 있다. 10개월에
걸친 내전 기간에 거의 중단되었던 원유 생산이 머지않아 재개될 전

망이어서 '정권 교체'된 리비아 시장을 선점하기 위해 뛰고 있다. 리비아는 세계 원유 수요량의 2%에 해당하는 하루 평균 130만 배럴을 수출하고 있지만 리비아산 원유가 유황 성분이 적은 '고품질 원유'여서 세계 원유시장에 미치는 영향은 매우 크다.

일단 시민군을 적극 지원한 나토군 소속 서방국가들의 석유 메이저들이 앞서가는 모양새다. 그러나 무아마르 카다피(Muammar Qaddafi)의 42년 철권통치의 막이 내릴 리비아의 미래는 아무도 속단하기는 어렵다. 하긴 리비아는 한국의 중동 전체 건설시장에서 차지하는 많은 비중에다 민주화 요구가 바레인과 사우디아라비아까지 번지면 한국이 그동안 누려온 '중동 특수'가 송두리째 사라지지 않을까 안절부절 못하고 있다. 또 유엔을 비롯한 국제사회가 리비아에 대한 경제제재에 나설 움직임을 보이면서 그동안 건설사를 앞세워 리비아와 활발한 경제교류를 해온 한국경제에 미칠 영향까지 고려대상에 포함시켜야 되는 이중고를 안고 있다.

◆ 고향 사막에서 한국 특사를 맞은 카다피 국가원수

리비아에서 첫 건설공사 수주가 이루어진 1977년부터 올해까지 34년간의 실적은 도표에서 보듯이 295건에 366억 3,220억 달러에 달한다. 이렇게 긴 기간 동안 한국과 리비아의 관계에서 공을 들인 점은 간과할 수 없다. 리비아 공사현장은 거의 사막지대다, 그리고 얼마나 공을 들였는가.

최근 이 공든 탑이 물거품으로 허물어지려는 것을 간신이 복원까지 이루었다. 그 시말은 그렇게 멀리 갈 것도 없다. 지난해 10월 3일 리비아 수도 트리폴리에서 400km 떨어진 시르테 시(市) 인근의 사막에서 카다피 국가원수는 한국 특사 일행을 맞았다. 카다피는 고향인 이곳에 천막을 치고 대통령 특사로 날아온 이상득 의원 일행을 맞았다. 당시의 언론매체에 보도된 내용을 다시 단행본 수준으로 패러디해 보자.

"한국을 형제의 나라로 생각했는데 어떻게 이런 일이 일어날 수 있습니다(카다피 국가원수)."
"오해입니다. (한국 대사관원의 간첩활동은) 있을 수 없습니다. 대통령이 나이가 칠순이 넘고 몸도 편치 않은 형을 리비아행 비행기를 태우는 것을 보아도 (한국의 진심을) 아실 수 있지 않습니까 (이상득 의원)."
"우리는 최선을 다해 한국을 밀어주었는데 한국이 너무 무관심했습니다(카다피 국가원수)."
"우리가 잘못한 부분이 있다면 확실하게 고치겠습니다. 쿠란에도 '용서는 신이 내린 가장 큰 선물'이라는 구절이 있습니다(이상득 의원)."
"그러면 이 문제는 이제 덮고 두 나라 간에 새로운 협력의 장을 엽시다(카다피 국가원수)."

카다피는 이상득 의원과 이런 대화를 나눈 끝에 양국 관계 정상화를 선언했다. 2010년 6월 리비아 당국이 한국 대사관 직원의 정보활동을 문제를 삼아 추방한 이래 넉 달째 계속되었던 한·리비아 외교 갈등에 종식되었다.

◆ 셰리카 대우

1983년 동아건설의 리비아 대수로 공사는 양국 관계의 획을 긋는 사건이었다. 동아건설의 대수로로 인해 리비아의 대부분 도시가 물 걱정이 없게 되면서 두 나라는 더 가까워졌다. 그 덕분에 대우자동차도 1997년 현지공장에서 생산을 시작해 리비아 내에서 50% 시장 점유율을 얻어냈다. 650만 리비아 국민에게는 '코리아'보다는 '셰리카 대우(대우 회사)'라는 표현이 더 친숙해졌다.

대우건설의 즈위티나 750MW급 복합화력발전소(4억 3,7967만 달러 규모)는 수주에 일등공신이 되었다. 이런 이유 때문에 한국 해외건설 업체들은 리비아 내전으로 철수했던 공사 현장에 복귀시켜 리비아 시민군과의 협력체제 구축에 안간힘을 쏟고 있다. 과를 속단하기는 어렵지만 '포스트 카다피' 체제를 위한 준비와 민주화 운동의 여진은 당분간 세계 언론의 스포트라이트를 받기에 충분조건을 가지고 있음은 분명하다 하겠다.

〈도표 4-1〉 국내 건설업체의 리비아공사 수주 실적

(단위: 달러)

구분	금액	건수
1977~2006년	243억 1,251만	228
2007년	54억 4,958만	16
2008년	15억 7,184만	21
2009년	31억 3,448만	21
2010년	19억 5,969만	9
2011년	2억 410만	1
합계	366억 3,220만	295

자료: 해외건설협회

〈도표 4-2〉 국내 건설업체의 최근 2년간 리비아 공사 수주 목록

(단위: 달러) 계약금액순

업체	공사	계약금액
현대건설	트리폴리웨스트 1,400MW 스팀발전소	13억 5,966만
원건설	토브루크 주택 5,000채 및 공공건물, 기반시설	9억 4,052만
대우건설	즈위티나 750MW 복합화력발전소	4억 3,797만
현대엠코	굽바시 주택 2,000채 및 기반시설	4억 3,699만
대우건설	트리폴리 워터프런트 프로젝트	2억 2,656만
대우자판	벵가지 6지역 도시기반시설	1억 7,948만
현대건설	400KV 송전선 공사	1억 3,376만
코오통건설	사라즈 하수처리시설	7,949만
롯데건설	아잘랫 인프라 설계 및 시공	7,354만
한일건설	자위이 마켓 신축	3,954만
한미파슨스	벵가지 간푸다 1만 채 및 부속건물	3,027만

자료: 해외건설협회

PART 3

재스민 혁명 이후 중동지역의
새로운 먹을거리

▶ ▶ ▶ 2011년은 2010년에서 향후 10년을 시작하는 의미가 깊은 첫해다. 이 10년의 문턱에서 아랍 세계는 요동을 넘어 대변혁의 시대를 맞고 있다. 이를 우리는 '재스민 혁명의 여진(餘震)'이라 이름을 붙여서 세계사적 대사건으로 이해하기를 저주하지 않고 있다. 왜냐하면 중동지역에서 아랍인들이 들불처럼 일어난 것은 62년 만의 일이다. 1952년 이집트 혁명가 가말 압델 나세르가 쿠데타에 의해 무하마드 알리 왕조를 무너뜨리고 이집트를 공화체제로 만들어내자 아랍권은 독립에 눈을 뜨게 되었다. 그 당시의 들불이 외세에 대한 저항이었다면 재스민 혁명은 뿌리 깊은 왕정과 장기집권으로 부패한 통치자에 대한 퇴진운동이기에 질적으로 다른 패턴이다. 하지만 최근 들어 중동지역과 마그레브로 통하는 북아프리카에서 벌어지고 있는 일련의 시민혁명은 이제 진행 중이다.

여기서 분명한 것은 이게 단기이든 장기이든 혁명의 완수는 필연적인 역사적 사건으로서 귀결됨과 동시에 국가들은 새로운 질서에 따라 먹고사는 일에서 정체성 찾기로 이어질 전망이라는 것이다. 이 때문에 코리아 테크는 '포스트 재스민'을 위해 어떤 아이템, 어떤 기술로 이 시장에서 '제2의 르네상스'를 얻어낼 과제를 안게 되었다.

모두 다섯 개의 아이템으로 3부를 정리했다. 이를 다시 정리해 보면 모두가 한결같이 히티스테들이 요구하는 코리아 테크다. 이를 통해 한국 정부는 국부를 얻어내고, 관련 기업은 10년 이후의 먹을거리를 찾아내는 일에서 승부수를 띄우면 된다. 이게 바로 2011년의 한국경제가 격변의 중동시장에서 승자가 되는 길일 수 있다. 오일머니의 수혜자가 되는 일은 그다음 일이다.

5 코리아 테크가 녹아 있는 아이템

1. 사하라사막이 부르는 태양광발전

2010년 12월 31일 국제유가(두바이산 싱가포르 현물시장 경우)는 1배럴당 88.88달러였다. 그러나 중동에 들불처럼 번진 재스민 혁명을 거치면서 2011년 2월 25일에는 110.07달러에 달했다. 전 세계 증시는 단 하루 만에 쑥밭이 되어버렸다. 이러한 세계경제 요동은 이번이 처음은 아니지만 한국은 세계에서 다섯 번째 원유 수입국이다. 천연가스는 두 번째다. 그래서 한국 증시는 요동을 넘어 1배럴당 130달러에 이르면 패닉 상태로 직행되기 마련이다. 이를 감안한 한국 정부는 녹색산업을 국가적 어젠다로 삼아 대체에너지사업을 꾸준하게 진행시키고 있다.

2008년 8월 15일 광복절을 맞아 이명박 정부가 처음 제시한 '저탄소 녹색성장'에 대한 내용과 성과는 진행 중이기 때문에 성급한 결과를 얘기하기에는 아직 이르다. 다만 신성장동력산업으로 회자되고 있는 태양광발전을 비롯하여 풍력발전과 그린카 출시에 국력을 쏟아 오늘에 이르렀다. 이를 지켜본 한국기업은 10년 이후 먹을거리를 위한 사업다각화로 대체에너지산업에 올인하고 있다. 너나없이 잘 알고 있는 내용이다. 하지만 거의 모든 대체에너지산업이 비좁은 내수시장만으로는 수익을 내기 어려운 치킨게임으로 치닫고 있기 때문에 이를 만회하기 위해서는 해외시장 진출밖에 답이 없다. 이러한 맥락에서 갈고닦고, 기름칠해 성장시킨 코리아 테크(Korea Tech)를 중동지역에 수출하는 일이 한 대안이 된다. 물론 대안으로서 아이템별 연구·조사를 거쳐 프로덕트 마케팅(Product Marketing)을 동원하는 일이 바로 이 책 제3부의 게재 이유다. 이를 위해 모두 여섯 가지 아이템을 등장시킬 생각이다.

◆ 동유럽에서 들려오는 희소식 태양광발전

2010년 12월 14일.

동유럽 불가리아의 수도 소피아(Sofia)에서 동쪽으로 200km 떨어진 벨리코 타르노보에서 42MW급 규모의 태양광발전소 기공식이 열렸다. 이 역사적인 기공식에 앞서 보이코 보리소프(Boiko Borisow) 불가리아 총리는 자신의 집무실에서 한국 남동발전과 컨소시엄을 구성한 최기혁 SDN 대표를 만나 이렇게 고마움을 표시했다. "우리나라 불가리에 투자를 해 주어 고맙다. 한국의 SDN과 남동발전의 태양광발전소 건설에 대해 적극적인 지원을 약속한다."

불가리아는 한반도의 1/2 크기에 인구는 710만 명으로 규모의 경제는 이루고 있지만 원유와 천연가스와는 거리가 멀다. 그래서 대체에 너지인 태양광발전에 의한 전기수요를 감당하는 일이 시급한 시점에 서 한국 태양광기업이 42MW급 발전소를 건설하는 일이 고맙지 않을 수 없다. 42MW급이면 불가리아 5만 가구에서 사용할 수 있는 전력 량이다. 이날 행사에는 트라이초 트라이코프 불가리아 에너지장관을 비롯하여 불가리아 국영 전력회사인 NEC의 크라시미르 사장과 장동 수 남동전력 사장, 공세일 산업은행 PF센터장과 최기혁 SDN 사장 등 이 참석했다.

이번 불가리아 태양광발전사업은 총 2,142억 원이 투자되는 대규 모 프로젝트로 현지 ASM과 RES 등이 각각 2,000만 유로씩 투자해 성사되었다. SDN이 태양광발전소 관련 기자재 공급과 시공을 맡고 향후 25년간 남동발전과 공동으로 발전소를 운영해 투자수익을 회수 하게 된다. 산업은행은 신재생에너지 최초 프로젝트 파이낸싱(PF)을 통해 이번 사업비의 70%를 조달한다. 한국무역보험공사는 투자리스 크에 대한 보증을 담당하게 된다.

◆ 태양광 관련기업들은 수직계열화에 나서고

태양광산업은 원재료인 폴리실리콘과 이를 가공해 만든 잉곳과 웨 이퍼, 태양광을 전기로 바꾸어주는 태양전지와 태양전지를 여러 개 모아 놓은 모듈, 태양광 모듈을 집대성한 태양광발전소 등 규모에 따 라 여러 단계로 나눈다. 최근에는 태양광산업에 필요한 기술적 뒷받 침에 의해 관련 기업들은 모든 단계를 아우르는 수직계열화를 추진 하고 있다.

삼성정밀화학은 태양광발전 장비의 핵심원료인 폴리실리콘을 생산하기 위해 미국 MEMC와 각각 150억 원씩 투자한 합작법인을 출범시켰다. 최근 삼성정밀화학 관계자는 이를 통해 폴리실리콘(삼성정밀화학)-잉곳-웨이퍼(삼성코닝정밀소재)-태양전지·모듈(삼성전자)-발전사업(삼성물산)을 각 계열사로 나누어 맡을 구조를 완성해 해외사장 공략에 나선다고 밝혔다. 여기에는 한국 정부가 추진해 오고 태양광산업 발전 로드맵에서 이미 인지된 내용을 토대로 큰 밑그림을 그리고 있다.

◆ 태양광산업은 이미 치킨게임 중

태양광발전사업으로 중동시장에 진출하기 위해서는 코리아 테크에 대한 기대 다음으로 해외시장의 동향과 규모, 그리고 트렌드에 대한 조사가 필수다. 왜냐하면 태양광발전은 이미 치킨게임으로 치닫고 있기 때문이다. 가장 강적은 중국이다. 2010년 10월 중국 베이징에서 개최된 제17기 5중전회의에서 중국은 2011년부터 시작되는 제12차 5개년 계획을 입안하면서 향후 5년 동안의 성장기조를 '포용성(包容性) 성장'으로 정해 신재생에너지와 바이오산업을 진착시키기로 확정했다. 그렇다고 해도 이런 확정을 크게 진작시키기 위해서는 중국 내 포화상태를 이루고 있는 내수시장의 한계를 벗어나야 하는 정책적 과제를 안고 있다. 해외시장 진출에 목을 매는 일에서 중국 정부의 고민이 깊어가고 있다. 이를 불식시키기 위해 지난해 원자바오 총리는 파키스탄 수재민 구호의 길에 파키스탄에 들러 물경 350억 달러에 달하는 경제원조를 발표했고 그 구체적인 내용이 바로 태양광발전 등 중국 신재생에너지 업체의 파키스탄 참여를 전제조건으로 달았다.

중동지역은 오래전부터 사막문화에서 발전을 도모했다. 베두인다운 생활과 문화, 유산과 전통이 사막과는 불가분의 관계로 이어진 결과다. 언젠가는 고갈이 될 '포스트 오일'에 대비하기 위해 중동지역 국가들은 신재생에너지 개발에 국력을 쏟기 시작했다. 가장 큰 태양광발전소 프로젝트는 도시국가 아부다비에 있는 탄소제로도시 마스다르가 이미 사하라사막에다 세계 최대의 태양광발전소 건설에 착수했다. 평균 섭씨 50도를 넘은 작열하는 사막의 햇볕은 곧 에너지원(源)이지만 기후변화로 인해 오늘날의 사하라사막은 황폐일로다. 오랜 가뭄과 인간의 욕심에 사하라사막은 사막화가 진행되고 있어서 알라는 너무나 공평하다.

하지만 태양광은 기후변화의 대응책으로서 환경오염과 거리가 멀고 있다는 원론적인 견해에 따라 진일보된 산업진흥과 히티스테 인재양성까지 아우르는 일석이조의 경제적 효과를 기대함을 알 수 있다. 따라서 앞에서 소개한 불가리아 벨리코 타르노보 태양광발전소 건설은 한국 태양광 관련기업과 금융기업이 함께 참여한 첫 케이스로서 기대가 매우 크다.

2. 사막에서 해수 담수화 설비는 곧 오아시스

독도를 지키는 37명의 경비대원들은 요즈음 신이 나 있다. 하루 근무를 끝내고 마음껏 샤워를 할 수가 없었던 불편이 해소되었기 때문이다. 해양 경비 생활에서 몸의 청결은 최상 조건이 된다. 그동안 물이 부족한 독도에서 샤워는 꿈도 못 꾸었었는데 하루 27톤의 '해수 담수화 설비'가 가동되면서 신이 나게 되었다. 바로 코리아 테크에 의해 문제의 해결이 가능했던 것이다. 해수 담수화 설비는 바닷물을 끓긴 뒤 수증기만 거둬들여 물을 만드는 것이다.

두산중공업은 국내뿐 아니라 해외에서도 이런 해수 담수화 설비를 많이 짓고 있다. 독도처럼 기증용이 아니라 우수한 코리아 테크를 통한 오일머니가 들어오는 사업용으로 그 위세가 당당하다. 해수 담수화 설비 기술은 그동안 이스라엘과 이탈리아 등이 가진 독점기술이었다. 그러나 최근 세계적인 기술을 등에 업은 두산중공업이 이를 통해 중동지역에서 선전하고 있다. 특히 두산중공업의 전매특허 기술인 세계 최초의 '원모듈(One Module) 공법'이 해외시장에서 좋은 반응을 얻어내면서부터 더욱 그렇다.

◆ 목마른 인류, 바닷물을 마신다

지금 세계는 심각한 물 부족 상태다. 지구에 있는 물의 양은 13억 8,600만km³ 정도로 추정되고 있다. 이 가운데 97%는 바닷물이고 인류가 마실 수 있는 담수(淡水)는 3,500만km³에 불과하다. 그나마 70%가 빙산·빙하 등 얼음상태다. 따라서 세계 인구의 40%가 물 때문에 고통을 받고 있다고 OECD는 발표한 바 있다. 이 물의 고통 속에는 사람이 마실 물을 비롯하여 농사를 지을 물과 공장을 돌릴 물이 모두 부족한 상태이다. 그래서 목마른 사람들은 흔하디흔한 바닷물을 담수로 바꿀 것을 꿈꾸어 왔다. 지하수 개발이나 인공강우를 시도하기도

했다. 하지만 좋은 결과는 기대난임을 알았다. 지하수 개발은 수원 고갈이나 수질 오염을 피하기 어렵고 인공강우는 아직 실험단계에 머물고 있다.

바닷물을 바꾸는 일은 이론적으로 간단하다. 바닷물을 데워 생기는 수증기를 식히면 된다. 소량이라면 집에서도 쉽게 만들 수 있다. 그러나 수십 만 명이 마시고 공장을 돌리고 중동 사막지대에서 가로수 나무를 가꾸려면 얘기는 달라진다. 무엇보다 천문학적인 돈이 든다. 중동지역의 석유는 오일머니를 낳았고 주머니에 달러가 가득해지자 그들의 오랜 꿈을 실천에 옮기고 있다. 결국 거대한 해수 담수화 설비 시장이 열리는 계기로 이어졌다.

◆ 해수 담수화의 기술적 안내

바닷물을 마실 수 있는 물로 바꾸는 방법은 크게 세 가지로 요약된다. 다단증발법과 다단효용증발법, 그리고 역삼투압방식 등이다. 다단증발법과 다단효용증발법은 바닷물을 가열해 수증기를 응축(凝縮)시켜 담수를 만드는 방법이다. 반면 역삼투압방식은 고압펌프로 바닷물에 고압을 가해 바닷물의 용매에서 농도가 낮은 쪽으로 이동하는 원리를 이용한다. 대량 생산에는 다단증발법(MSF 방식)이 쉬워 세계 담수화 설비의 50% 이상이 다단증발법을 사용하고 있다. 이 방법은 섭씨 35도의 바닷물을 증발기(evaporator)로 끌어올린 다음에 발전소에서 나오는 120도의 뜨거운 증기로 가열해 수증기를 만든다. 수증기를 식히면 관에 물방울이 맺히는데 이를 모아 담수를 만들게 되는 것을 일컫는다. 그래서 당연히 핵심 설비는 바닷물을 증발시키는 증발기인데 크기부터 어마어마하다. 보통 길이 90m에 폭 30m, 중량은 3,500톤이나 된다. 웬만한 축구장만 한 크기라고 생각하면 된다.

◆ 이스라엘 팔마림 市 GES 담수화 플랜트

이스라엘은 연간 강우량이 700mm 내외다. 심각한 물 부족 국가에 속한다. 그러나 이를 해수 담수화 설비를 통해 극복한 모범 국가이기도 하다. 이스라엘은 이 설비와 이 기술로 전체 물 소비량의 25%를 충당하고 있다. 이스라엘 수도 텔아비브에서 남쪽으로 15km 거리에 있는 해안도시 팔마림 市 소재 GES 담수화 플랜트는 연간 담수화 생산량 4,500만 톤을 자랑하고 있다. 이 공장의 아브너 헐모니 매니저는 "바닷물을 마시는 물로 변신하는 데 걸리는 시간은 90분이면 충분하다"라면서 "이스라엘 해수 그린테크는 세계 최고 수준이다"라고 강조했다.

특히 GES 해수 담수화 플랜트에서 이용한 담수기술은 크게 세 단계를 거친다. 우선 바닷물을 채워 조개나 쓰레기를 제거한 뒤 높은 압력을 가해 염분부터 분리한다. 이때 완전히 순수한 물이 생산되는데 이를 마시면 탈수를 유발할 수 있어 마지막으로 미네랄이 더해진다. 이 때문에 최근 이스라엘은 해수 담수화 기술로 부를 이루는 아이템으로 승화시켜 국부를 쌓고 있다.

◆ 해수 담수화로 세계 1위를 노리고 있는 두산중공업

중동지역 도시국가 아부다비에서 300km 떨어진 푸자이라에는 세계적인 발전·담수 플랜트가 자리를 잡고 있다. 광활한 사막지대에 세워진 이 플랜트는 현대 아랍판 오아시스다.

두산중공업이 지난 2004년 1월 준공시킨 푸자이라 플랜트는 하루 45만 톤의 물을 생산하고 있다. 150만 명이 쓸 수 있는 양이다. 이 공장의 핵심은 코리아 테크가 묻어 있는 증발기다. 푸자이라에 사용한 이 대형 증발기는 두산중공업이 자체 기술인 '원 모듈' 공법에 따라 4파트로 나누어 제작했다. 이후 축구장만 한 크기인 3,500톤급 선박을 이용해 통째로 한국에서 실어 왔다. 물론 자체기술에다 통상 24개월이 소요되는 공기를 12개월로 단축시키는 세기적 기적을 이룩하기도 했다. 이 때문에 '대단한 한국인'이라는 찬사가 쏟아졌다.

올해로 7년째인 푸자이라 플랜트는 중동지역 국가들에 사막의 오아시스가 되었다. 특히 밤에 둘러보는 이 지대의 야경은 과연 여기가 중동지역인가 하는 경외감마저 안겨 주고 있어서다. 이를 코리아 테크가 이룩한 것이다.

다시 국경을 넘어 오만 수도 무스카트에서 북쪽으로 200km 떨어진 소하르 해수 담수화 플랜트가 있다. 무스카트는 최근 소말리아 해적의 납치사건으로 이름이 난 삼호주얼리호가 임시 정박한 그곳이다. 두산중공업이 2007년 4월 준공시킨 소하르 플랜트는 36,000평의 대지 위에 1일 50만 명이 쓸 수 있는 15만 톤 규모의 담수플랜트와 596MW급 복합발전소가 함께 자리를 잡고 있다.

◆ 해수 담수화 설비 시장 규모

해수 담수화 설비 시장은 무궁무진하다. 중동지역을 비롯하여 아시아와 아프리카 등 물이 부족한 나라들이 전부 고객이 된다. 현재 세계 시장 규모는 약 50억 달러 내외로 추정하고 있다. 150만 명이 쓸 수 있는 양인 하루 45만 톤을 생산하는 설비의 가격이 5~6억 달러에 이른다.

현재 세계 담수화 분야의 선두주자는 두산중공업이다. 세계 시장 점유율은 40%에 달하고 있다. 그렇다고 두산중공업의 정상 등극은 하루아침에 이루어진 것은 아니다. 돌이켜보면 1978년 사우디아라비아 프로젝트에 참여한 것을 시작으로 33년간 꾸준한 기술 투자에 의해서 가능한 성적표다.

1990년대 선진국들이 독점하던 이 해수 담수화 기술을 두산중공업은 자체로 원모듈 방식을 비롯하여 MSF 방식과 역삼투압 방식을 접목한 하이브리드 방식 등 독보적인 기술을 보유하고 있다. 남은 것은 이 융합기술을 발전시켜 분야에서 세계적인 메이커로 그 자리를 지키는 일이다.

3. 코리아 테크는 전자정부로(路)로 가다

2009년 8월 30일.

재스민 혁명이 일어나는 시점에서 17개월 전의 일이다. 마그레브로 통하는 모로코의 수도 라바트에 있는 하산호텔 1층. 모로코를 비롯한 튀니지와 남아공 등 17개국에서 온 공무원 200여 명으로 북적였다. 그들 면면에는 차미 모로코 상공신기술부 장관과 네지 튀니지 통신기술부 장관이 포함되어 있었다. 다음날 개막 예정인 아프리카 디지털 기회포럼(DOF)에 참석하기 위해서다. 참석자들은 삼성SDS와

LG그룹 CNS 등 한국 정보기술(IT)업체가 운영하고 있는 전자정보 홍보관을 둘러보았다. 한국형 정부통합정보센터·전자조달·전자무역·정보보안 등에 관심을 보였다.

이 포럼에 참가한 이달곤 전 행정안전부 장관은 "한국이 IT강국이지만 우리 기업이 국가정보화시스템을 수출하기 위해 외국의 공무원을 만나기가 쉽지 않다"며 "기업의 해외 진출을 돕기 위해 정부가 나서게 되었다"고 밝혔다. 이처럼 한국 정부가 이번 행사를 모로코에 연 것은 국가정보화시스템 수출의 교두보를 아프리카에 마련하기 위해서다. 특히 이 장관 일행은 모하메드 5세 대학에서 열린 한·모로코 정보접근센터(IAC) 개소식에 참석하여 양국의 친선을 도모하는 일에도 적극성을 보였다. 모로코 정부 역시 IT를 통한 히티스테를 위한 일자리 창출을 확대하기 위해 전자정부 서비스 구축 등의 정책을 추진하고 있다.

그리고 17개월이 흐르고 재스민 혁명이 중동지역을 들불처럼 진행되고 있는 이 시점에서 '한국형 정자정부'를 아프리카에 심는 일이 궁금할 수밖에 없다. 후렴을 알기 위해, 동시에 다음 연결을 위해 우선 건너뛰자.

◆ 100년 전 일본 정부조직을 베껴 쓴 한국 정부가 다시 일본에 역(逆)수출하다

2010년 3월 8일.

100년 전 한일 강제병합으로 일본에 행정조직과 법령을 강제로 이식 당했던 한국이 100년이 되는 해에 '한국형 전자정부'를 수출하게

되었다. 정부조직이라는 하드웨어를 수입했던 나라가 인터넷을 기반으로 정부를 운영하는 ‘소프트웨어(S/W)’를 수입국에 역(逆)수출하는 일이 생긴 것이다. 정부 관계자는 “한국과 일본 정부가 ‘전자정부 협력과 기술교류에 대한 양해각서(MOU)’를 2010년 상반기까지 체결할 것이다”라고 밝혔다.

한국의 IT업체들이 2004년부터 사가 현(佐賀縣) 등 일본의 일부 지방자치단체에 전자정부 시스템을 수출한 실적은 있었지만 한일 중앙 정부 사이에 MOU가 체결된 것은 이번이 처음이다. 3월 10일에는 나이토 마사미츠(內藤正光) 일본 총무성 차관이 방한하여 서울 한 구청의 전자정부 시스템을 견학하면서 “일본 전자정부의 경쟁력 강화를 위해 대책을 준비 중이다”라고 전하고서 “이를 위해 한국과의 협력을 바란다”고 밝혔다.

2010년 1월 발표된 유엔의 전자정부 평가에서 한국은 조사대상 192개국에서 1위를 차지했고 일본은 전자정부 준비지수에서 10위권 밖으로 밀려나간 상태다. 그 당시 한국 행정안전부 발표자료에 따르면 해외진출 실적은 2006년 2,905만 달러로 시작해 2007년(987만 달러)과 2008년(737만 달러)을 지난 2009년에는 6,670만 달러에 달했다.

◆ 코리아 테크는 전자정부로(路)를 가다

전자정부(e-Government)란 ‘정보기술(IT)을 활용하여 행정기관의 사무를 전자화함으로써 행정기관 상호 간 또는 국민에 대한 행정업무를 효율적으로 수행하는 정부’로 정리되고 있다. 실제 한국 정부가 유엔 발표대로 전자정부 시스템 구축 평가 1위이기 때문에 이를 중동지역에 수출하는 일은 고려대상이 아니라 필수대상이다. 그렇다고 중동지역 국가들이 이런 전자정부 시스템이 없거나 도외시하는 것은 아니다. 경우에 따라서는 한국 전자정부 시스템을 능가하는 수준을 보이고 있다. 다만 세분화된 전자정부 시스템, 이를테면 외교통상 정보화를 비롯하여 국정과제 실시간 관리 시스템 등은 아직까지 구축을 이루지 못하고 있는 것이 사실이다. 여기다가 히티스테들에 대한 통계학적 '고용·취업종합정보 서비스' 구축은 이제 절실하게 필요 대상이 되고 있다. 이를 현지 해당 국가의 정책 사정에 걸맞게 영문화해서 수출하는 방법에 대한 문의와 주문이 많아지고 있다. 따라서 관련 정부부처는 시스템을 과학화, 매뉴얼화해서 중동지역에 수출하는 일에 적극적인 성과를 기대한다.

적극적인 성과기대는 곧 앞에서 결론을 유보한 모로코 정부와 일본 정부에 공통으로 적용되는 체크리스트이지만 유감스럽게도 실적이 거의 없다. 내가 전자정부를 코리아 테크로 크게 소개하는 이유는 4부에 적용될 '프로덕트 마케팅'에 대한 이해도를 높이는 데 필요한 코리아 테크이기 때문이다.

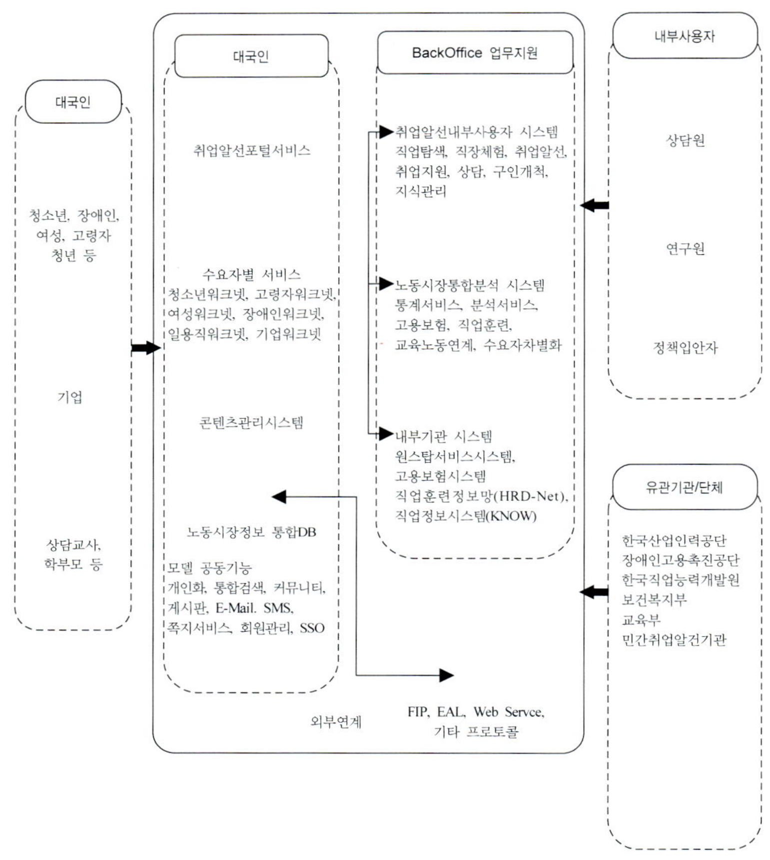

〈그림 5-1〉 전자정부 자료

4. 원자력발전이 르네상스를 열다

르네상스의 어원이 부흥이라는 뜻이라면 이런 변화는 곧 진화를
의미한다. 기술적 발전과 함께 인식의 변화에서 우리는 원자력발전소

해외 수주가 주는 의미마저 진화로 해석된다. 왜냐하면 기후변화 대응과 대체에너지산업에서 원자력발전만큼 기대주를 찾기가 어렵다는 데 모두 동의하고 있기 때문이다. 이러한 변화와 진화는 시대적 산물이다. 또한 원자력발전의 기술적 개가를 통해 코리아 테크로서 중동지역에서의 첫 삽질이 시작됨과 무관하지 않다.

지난 2011년 3월 *일 도시국가 아부다비 실라에서 한국과 UAE의 두 나라 정상이 참석한 가운데 역사적 기공식이 열렸다. 원자력발전 기술의 지정한 진화는 재스민 혁명 이후 새로운 중동시장에서 10년 이후 먹을거리로서 한 자리를 차지하고 있다. 그렇다면 우리가 거는 기대에서 원자력이 주는 이익과 편익은 무엇일까? 원자력 미래는 어떤 것일까?

◆ 원자력발전은 신재생에너지에서 빛이 난다

결론부터 말하자면 갈수록 수용과 공급에서 불일치를 이루고 있는 것이 전력수요다. 생활이 서구화에 의해 각종 전기제품을 필요로 하는 만큼 전기의 수요는 천문학적으로 늘고 있다. 이를 화력발전소나 수력발전소로는 태부족이기 때문에 코리아 테크는 이제 20기의 원자력발전을 운영하는 세계적인 원자력 강국이 되었다. 기술과 운영에서 최정상급이다. 한국 전체 전기소비량의 40%를 원자력발전이 담당하고 있다는 점이 이를 잘 방증하고 있다.

최근 이상 한파 속에서 최대전력수요가 역대 최고치를 경신했다. '전력대란'이 이제 빈말이 아니게 되었다. 2010년에 이어 올해도 유난히 추운 겨울이 지속되면서 난방용 전력수요 급증으로 전력사용이 늘고 있기 때문이다. 실제 난방용 전기 수요 비중은 2005년 18.6%에서 2010년에는 26%까지 증가했다. 단순비교해도 7.4%나 높아졌음을 알 수 있다. 여기다가 산업용 전력 비중은 53%에 이르고 있다. 그래서 정부는 2011년 최대전력수요를 에너지절약 등으로 관리했을 경우 7,262만kW까지 예상했다. 그러나 2011년 1월 18일 7,314만kW를 기록하면서 예상치를 가볍게 뛰어넘었다. 당시 전력예비율도 5.5%까지 떨어지면서 사상 최저치를 기록했다. 2011년 예비율 목표치가 6.6%인 점을 감안하면 전력대란은 이제 발등에 떨어진 불이나 다름이 없다.

◆ 에너지노믹스가 필요한 이유

이를 위해 정부는 에너지노믹스에 대한 정책적 결정에 고민하게 되었다. 대안은 복합화력발전소 추가 건설과 원자력발전소 추가 건설이 고려대상이 된다. 하지만 아직은 환경훼손 우려 때문에 입지선정에서부터 완공까지는 우여곡절을 겪게 된다. 그래도 정부는 원자력발전과 신재생에너지 비중을 늘리는 방향으로 '에너지노믹스' 변화를 추진할 수밖에 없을 터다. 정부는 오는 2024년까지 총 49조 원을 투자해 총 4,333만kW의 발전능력을 늘린 계획을 세워두고 있다. 이 중 70%가 기저발전설비(원자력·석탄)이고 나머지 30%는 첨두발전설비이다. 문제는 지난해 겨울처럼 고정 전기수요가 늘면서 이를 감당할 기저발전설비가 부족하다는 점이다.

이관섭 에너지산업정책관은 "현실적인 에너지노믹스를 통해 전력난에 대응할 수 있도록 충분한 기저발전설비를 확보해 나가겠다"고 밝혔는데, 이에 기대를 걸어야 할 것 같다. 여기서 한국 정부가 기저발

 다시 주목받고 있는
MENA Market

전설비로 원자력발전소 건설을 적극 추진하고 있기 때문에 그린에너지 원자력발전이 르네상스로 가는 길에 대한 안내가 필요하게 되었다.

◆ '기회의 문'을 향한 코리아 테크

한국은 1978년 고리원전 1호기를 처음 가동한 이후 30여 년 동안 단 한 번의 사고 없이 원자력발전 운영의 신기원을 이루고 있다. 또한 한국은 이미 20기의 원자력발전소를 운영하고 있는 세계 6위(발전설비 용량 기준) 원전국가로 링크되었다. 설계와 시공, 운영과 관리 등 원전 관련 모든 업무를 소화할 역량마저 두루 갖추고 있다. 이해를 돕기 위해 부가 설명을 하자면 원자력발전의 종류는 크게 경수로와 중수로로 나눌 수 있다. 한국의 경우 고리와 영광에는 가압경수로가 있고, 월성에는 가압중수로가 가동 중이다. 가압경수로의 경우 우라늄 235의 함유량이 2~5% 정도 되는 저농축 우라늄을 원료로 사용하며, 가압중수로는 천연우라늄을 원료로 사용하고 동시에 감속재로는 중수를 사용하는 것이 다르다.

◆ 그린에너지 원자력발전으로 르네상스를 열고

우선 과거로 거슬러 올라가 보자. 양대 원자력 사고 현장을 말이다. 우리가 잘 알고 있듯이 원전사고 하면 떠오르는 우크라이나의 체르노빌과 미국의 스마일 원전 사고는 아직도 우리에게 끔찍한 기억으로 남아 있다. 두 곳의 원전 사고의 원인은 여러 가지 측면에서 분석할 수 있지만 근본적인 대비는 기본설계 지침과 격납용기 시설 유무를 통해 비교할 수 있다.

당시 미국은 이미 기계학회(ASME SECT-Ⅲ)에서 확정해 놓은 표준시방서가 있었다. 격납용기 시설은 물론이고 모든 부품의 설계에서부터 제작까지 전 과정뿐 아니라 부품제조회사 자격 유무에도 철저한 인증제를 적용했다. 그렇게 철저한 설계안전 관리를 적용했음에도 불구하고 치명적인 사고가 발생했다. 그 후 미국은 원자력규제위원회(NRC)의 전면 통제 아래 어떤 원전 발전시설도 허가해 주지 않았다. 이에 따라 미국은 지난 20년 동안 기존 시설을 유지 및 관리하는 데 그쳤고 거의 모든 원자력 관련 중소기업은 도산했다. GE와 주인이 도시바로 바뀐 웨스팅하우스 등 세계적인 원자로 핵심 부품업체들만 제3국가에 기술을 제휴해 그 명맥만 지탱하고 있었다. 오히려 지금은 미국의 기술을 일찍 전수받은 한국이 실적과 기술에서 매우 우수하다는 평가를 받고 있다.

이런 가운데 최근 고유가 진행에 따른 발전 단가 상승과 함께 이산화탄소 감축이라는 지구촌 녹색과제와 맞물려 한동안 위험성의 대명사처럼 인식하던 원전시설이 이제는 청정에너지로 새롭게 각광을 받기 시작했다. 앞으로 10년 안에 150~180기나 되는 대형 원자력발전소가 건립될 것이라는 국제원자력기구(IAEA)의 발표도 있었다. 다만 원전 계약을 체결하는 것은 석유 관련 해외 플랜트를 수주하는 것과 비교할 수 없을 정도로 여러 가지 난관이 기다리고 있다. 해외의 원전 관련 바이어들은 거의 전부가 정부기관이고, 이들 정부기관은 경제적 및 군사적 강국들과 이해관계가 맞물려 있다. 또 그 위에는 IAEA가 철저히 검증을 하고 있으니 안전운행기록과 원전기술만 있다고 될 문제가 아니다.

아직 해외 원전시설 건설 실적이 없는 상태에서 아부다비 실라에서의 첫 원전 삽질은 역사적 의미가 크다. 지난해 원자물리학으로 노벨상을 수상한 스티븐 추 미국 에너지 장관은 소형 원자로 기술을 적극 장려하겠다고 발표했다. 100∼250MW 정도의 원자로는 미국과 러시아에서는 잠수함이나 항공모함에 사용하고 있으므로 기술적으로 검증된 상태다. 또 이를 지상의 발전소에 이용하는 데도 큰 어려움은 없다고 한다. 원자로는 트럭에 싣고 다닐 정도로 작아지고, 토목건축 기계시설도 대폭 줄어들었을 뿐 아니라 만약에 사고가 난다 하더라도 그 피해는 시설 주변으로만 국한된다. 이 경우 격납용기를 어느 정도 크기로 설계하느냐는 기술적 검토를 겸행시켜 한국형 표준설계를 정립해 놓으면 대규모 원전시설에서 소모되는 건축 설계비를 대폭 절감하는 효과까지 겸하게 된다.

여기에 그치지 않고 그린에너지 원자력발전이 르네상스로 가는 길로서 우선 계약규모가 작기 때문에 강대국과의 경쟁을 피할 수 있고, IAEA 규제에서도 벗어날 수 있는 장점마저 갖추고 있다. 항상 전기 수급 문제로 어려움을 겪고 있는 제철소나 조선소 등의 업체에서는 독자적인 발전시설을 이 소규모 원자력발전 시스템으로 대체가 가능하다. 나아가 해마다 한국에 황사를 뿌리고 있는 중국의 사막지대나 시베리아 극한지역 개발에도 적극 활용할 여건 또한 갖고 있다.

이 때문에 관련업계에서는 소형 원자력발전을 '4S'로 정리하고 있다. 이를테면 'Super와 Safe, Small과 Simple' 등으로 압축해 대변하고 있는 것이다. 이것을 제2 한국형 원전시설로 이용해야 하고 동시에 이미 한국은 소형원자로 개발을 완성시켜 첫 제작에 임할 수준의 코리아 테크까지 갖추고 있음이 파악되고 있다.

원전 역사상 최악의 참사였던 우크라이나 체르노빌 원전 폭발사고 현장이 관광지로 탈바꿈하는 공사가 한창이다. 역사를 통해 교훈을 얻는 다크 투어리즘(Dark Tourism)의 현장으로 변화하고 있는 것이다. 다크 투어리즘은 역사적으로 잔혹한 참사가 벌어지거나 대규모 재난·재해가 휩쓴 곳을 여행하는 것을 일컫는다.

최근 AP통신의 보도에 따르면 우크라이나 정부는 체르노빌 원전 사고 현장이 올해부터 일반 관광객에게 개방될 것임을 예고했다고 한다. 이 통신은 "우크라이나 정부는 1986년 4월 26일 사고 직후 반경 48km 지역을 일반인 출입금지 지역으로 지정하는 등 꾸준히 관리를 해왔다"면서 "이 같은 노력이 최악의 참사현장을 관광명소로 탈바꿈 하게 만들었다"고 전했다. 실제 체르노빌은 2002년부터 반핵을 외치는 환경운동가들에게는 성지(聖地)로 통하고 있었다. 마치 고리 원전 일대가 외국인에게 원전공사장 메카로 대접받고 있음과 같은 이치이자 같은 맥락이다.

5. 용각산은 소리가 나지 않습니다

아무리 시대가 바뀌고 정권이 바뀌어도 그 시대적 산물을 기억하게 하는 광고 카피의 힘은 지속성이 매우 강하다. 아니, 한 건전지 메이커의 광고 카피처럼 '세고 세다'이다. 한국 정치발달사처럼 민주화와 산업화를 거쳐 복지화를 지향하는 성장과정에서 생겨난 광고 카피 가운데 지금 40대 중반 이상의 한국인에게 기억되는 광고 카피가 있다.

'용각산(龍角散)은 소리가 나지 않습니다.'

보령제약의 장수 브랜드이자 한국 광고사에 길이 남을 명카피다. 최근 김승호 보령제약 회장의 자서전적 글이 신문매체에 오르면서 화제가 되고 있다.

> "…생산과정에서 공장 벽에다 내부를 은밀히 볼 수 있는 구멍을 만들어 놓고 원료 투입 단계와 양을 점검했다. 일요일이면 일본 기술자에게 서울 구경을 시켜주겠다며 외출을 하게 한 후 남겨진 메모나 버려진 공정표가 있는지 쓰레기통을 뒤졌다. 이렇게 품질을 높이는 한편 소비자의 선입견을 잠재우고 품질을 제대로 알리기 위해 용각산에 대해 대대적인 광고를 했다. 1968년을 지나면서 용각산은 보령제약을 대표하는 제품이자 국내 약 업계를 대표하는 생약업체로 자리를 잡았다. 한편 70년대 말 보령제약에는 하루가 멀다고 사우디아라비아와 리비아 등 중동지역 소인이 찍힌 우편물이 날아들었다. 당시 중동건설 붐을 타고 현지로 진출한 국내 건설회사들의 근로자들이 보낸 편지였다. 변덕스러운 날씨에다 연일 계속되는 모래바람 속에서 현지 근로자들이 가장 절실히 필요했던 것이 용각산이었던 것이다."(<중앙일보> 2011. 2. 18일자 참조)

옮기다 보니 필요 이상 길어졌다. 다만 여기서 제시하는 메시지 가운데 '중동지역 소인'과 함께 '용각산은 소리가 나지 않는다'는 광고 명카피가 나온 배경을 유추시킬 수 있었기 때문이다.

◆ 차세대 먹을거리로서 바이오산업

2007년 이후 삼성그룹은 차세대 먹을거리 발굴에 애써 왔다. 이건

희 회장은 "앞으로 10년 안에 지금 삼성을 대표하는 모든 제품이 사라질 것이다"라며 경각심을 일깨우곤 했다. 이에 따라 삼성은 2010년 5월 바이오제약과 태양전지 등 5개 분야에 23조 원을 집중 투자해서 신수종 사업으로 키운다는 계획을 발표했다.

삼성그룹의 보도자료에 따르면 바이오제약 사업계획은 3단계다. 우선 의약품 생산공장을 건설해 해외 제약사의 물량을 수주하고 2013년부터 림프암과 관절염 치료에 쓰이는 '리툭산' 등의 바이오시밀러(복제약) 생산에 들어갈 계획이다. 삼성은 바이오제약 사업이 삼성의 강점인 전자 사업과 분야가 전혀 다르지만 연구개발(R&D)이 중요하고 품질 관리가 어려우며 각종 규정이 까다롭다는 점에서 삼성의 제조 및 품질 역량이 시너지 효과를 낼 수 있을 것으로 보고 있다. 또한 장기적으로 삼성의료원의 치료 사업과 바이오제약 사업, IT를 바탕으로 한 의료기기 사업 등 의료 관련 사업의 융·복합화를 추진할 방침이다.

최근 삼성은 인천 송도에 세계 유수의 바이오제약 서비스업체인 퀸타일즈와 함께 합작사를 출범했다. 자본금 3,000억 원 규모에 2013년 의약품 생산을 목표로 하고 있다. 전 세계 바이오제약 시장은 1,300억 달러에 달하며 2020년이면 2,300억 달러로 커질 것으로 전망하는 분야다. 세계가 인정하고 있는 로슈와 암젠 등과 같은 바이오제약 선두기업들에 맞서 의욕적으로 도전장을 던진 셈이다.

이건희 회장은 이번 합작사 설립 건에 대해 사후 보고를 받았으며 '바이오제약은 삼성의 미래 산업이며 인류건강을 증진하고 삶의 질을 향상시키는 데 기여하는 만큼 사명감을 가지고 적극적으로 추진하라"고 지시했다는 후문이다.

◆ 나고야 의정서에 담긴 바이오제약

바이오제약사업을 추진하려면 일단 의약품 제조 기반 확보가 필요하다. 관련 생산시설은 미국 식품의약국(FDA) 등 까다로운 국제규준을 준수해야 되기 때문에 그렇다. 그래서 투자비용이 만만치 않아 중소기업이 선뜻 착수하기는 어려운 사업이기도 하다. 더구나 지난해 10월 발표된 국제조약 '나고야 의정서'는 바이오제약산업의 새로운 확대와 규정을 제시하고 있다.

예를 들면 세계를 공포의 도가니로 몰아넣은 신종플루는 타미플루 제조사에 천문학적인 이익을 안겨주었다. 그러나 타미플루는 중국에서 해열제로 사용된 팔각이라는 식물을 분석해서 만든 것이다. 타미플루 제조사는 나고야 의정서가 타결되기 전에는 팔각식물을 이용해 그 이익을 독차지했지만 이제는 중국과 그 이익을 나눠 갖도록 국내 법적인 조치를 취해야 한다. 따라서 나고야 의정서는 한국을 비롯한 중국 등 한방 의약품회사에는 엄청난 영향을 줄 것으로 예상된다. 그렇지만 지금 중동지역 국민들은 민주화혁명을 통해 얻어낸 자유를 만끽하기 위해서는 무엇보다 웰빙문화의 수혜자로서 업그레이드가 가시화되고 있다.

이때 그들에게 필요한 것은 바이오제약의 결정체인 각종 건강예방 및 건강치료제다. 주위 환경이 사막지대 사람들은 운동 부족으로 무릎 관절이 약하다. 이를 위해 향후 삼성이 제조에 성공한 관절염 치료제인 '재스민(물론 假名이다)'을 출시해 시장에 내놓으면 그들은 삼성이라는 브랜드에서 오는 이미지와 신뢰성에서 재스민은 대박을 얻기에 충분하다. 같은 이유로 골관절염 치료를 위한 녹십자도 '신바로'

의 출시를 서두르고 있다. 각종 약은 최우선적으로 브랜드 신뢰성에서 지갑을 열기 때문에 브랜드가 주는 효과는 그야말로 지대하고 매우 강하다. 예단하건대 재스민을 삼성 휴대폰과 함께 상비약으로서 항상 목에 지니고 자신의 건강을 챙길 게 뻔하다. 아마도 이런 시대가 오면 아랍권 언론매체에는 이런 광고들이 등장할 수 있다. '재스민은 아픈 사람들의 큰소리를 듣고 있습니다(Jasmine heard a great voice is sick).'

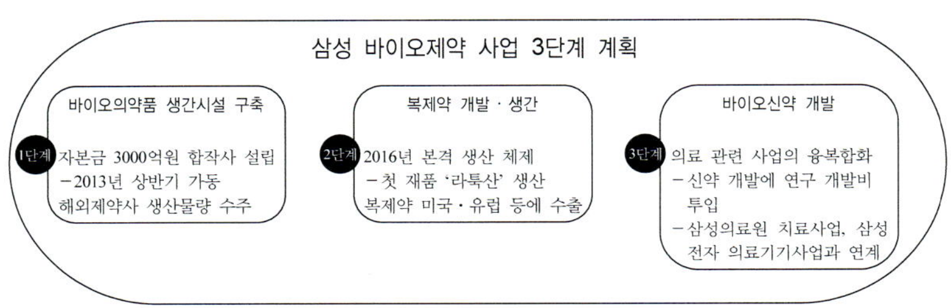

〈그림 5-2〉 삼성바이오제약 자료

6. 북극해에 매장된 천연가스를 국부(國富)로 품고

〈현황 1〉

SK건설이 사우디아라비아에서 19억 달러 규모의 '와시트 가스플랜트 신설 프로젝트'를 수주했다. 사우디 국영 회사인 아람코가 발주한 이번 프로젝트에서 SK건설은 이 중 가스처리시설 공사를 비롯하여 황회수 및 유틸리티 시설공사와 액화천연가스 분류시설 공사 등 3개 패키지를 각각 단독으로 수주에 성공했다.

미국 에너지 업체 노블에너지는 이스라엘 연안의 '리바이언 광구'에서 4,531억m³ 천연가스 매장량 확인사실을 발표했고 이를 월스트리트 저널이 '천연가스 노다지에 앉은 이스라엘'이라는 헤드라인으로 자세하게 보도했다. 발표대로라면 이스라엘이 향후 100년간 쓸 수 있는 분량으로 지난 10년간 세계 심해에서 확인된 천연가스 매장량 중 최대다.

〈현황 3〉

북극권의 석유 매장량이 지금까지 알려진 양의 2배에 이를 수 있다는 연구결과가 발표되었다. 세계적 권의의 지질학자 도널드 고테에가 이끌고 있는 미국지질조사국(USGS) 연구팀은 북극권에 매장된 석유량은 1,600억 배럴이고 천연가스는 44조m³에 달한다고 밝혔다.

이상 세 가지 현황은 최근에 발표된 천연가스에 관한 자료이다. 마지막 USGS 발표는 앞에서 인용한 바 있다. 이렇게 글로벌 그린마켓의 현황을 자세하게 옮기고 있는 일은 코리아 테크가 해외로 뻗어나가는 길목에서 한국 천연가스(정확하게 표현하자면 공기업을 통한 글로벌 지향의 한국 천연가스 해외플랜트 수출)에 대한 수출 드라이브 정책을 제안하기 위해서다. 우선 천연가스야말로 지구환경을 보존하기 위해서는 화석연료 가운데 이산화탄소를 적게 배출하는 에너지에 속한다. 과거를 돌아보면 한국은 1984년 천연가스를 발전용과 가정용으로 사용하기 시작했다. 올해로 꼭 27년 전이다. 그것도 원자력발전처럼 무사고로 말이다.

1984년 프랑스 에너지 기업인 토탈에 의해 건설된 평택LNG기지

인수 이후 인천LNG기지부터 독자적인 기술로 건설하기 시작했다. 지금은 한국가스공사에 주축이 되어 통영LNG기지를 완공하고 또 삼척LNG기지를 건설할 계획이다. 지난 27년간 천연가스 보급을 위한 네트워크 건설로 한국 전체 가정 가운데 70%가 천연가스 수혜자로 등록되었다. 우선 천연가스 사용으로 기후변화 대응에 요구하는 수준에 따라 대기의 질적 향상에 기여했다. 소비자 역시 상대적으로 저렴한 가격으로 천연가스를 공급받고 있다. 이처럼 한국 경제의 압축 성장과 함께 천연가스산업은 관련 기술적 비축에다 소비시장까지 창출한 기록을 가지게 되었다.

◆ 이제는 글로벌 경쟁력으로 해외플랜트 시장 공략

문제는 바로 지금이다. 로컬마켓은 이미 포화상태에 진입했고 천연가스 생산량까지 정점이 다가오고 있다. 일반 가정용 소비시장을 비롯하여 발전용으로 소요되는 필수적인 연료로서 천연가스는 안정적인 수입과 정적 가격을 확보할 수 있는 방안에 대해 진지한 고민이 필요하게 되었다. 그 방안 가운데 하나가 중동지역 시장으로 진출하는 방안이다. 27년간 닦고 길들인 천연가스 설비 기술력과 시공 능력을 등에 업고서….

예를 들면 한국가스공사가 축적하고 있는 LNG 터미널 건설과 운영에 관한 노하우는 글로벌 그린마켓에서 이미 검증을 받아서 정상급에 링크되었다. 다만 공기업이라는 선입견에 의해 글로벌 메이저와 비교하면 뒤진 점도 사실이다. 동시에 글로벌 그린마켓의 시장진입 장벽이 매우 높다는 의미일 수 있다. 이에 따라 에너지자원을 확보하고 적정 규모의 시장도 보유한 중동시장에서 선진 글로벌 기업과 컨소시엄을 구성하여 동반수출에 나서는 일을 이제부터 적극 추진하고 고민해야 한다. 갈수록 높아가는 가스시장 진입장벽을 극복할 미션을 풀어야 하기 때문이다. 도움말로 최근 피터 보서 로열더치셸 사장은 한국 언론과의 인터뷰에서 "한국가스공사는 로열더치셸에 글로벌 파트너로서 매우 중요하다"고 밝혔다.

◆ 글로벌 그린마켓의 진입 사례와 방안

현재 한국가스공사는 멕시코 만사니요에서 추진하고 있는 LNG 터미널 건설과 운영사업에 올인하고 있다. 이에 기반해 앞에서 열거한 세 가지 중동시장 현황을 염두에 두고 정책적 방안으로 흡수하면서 이에 대한 준비에 핵심역량을 극대화해야 한다. 우연의 일치인지 모르지만 나는 지금의 한국가스공사가 분당으로 이전하기 전, 발족 당시 여의도 전경련회관 입주 시절부터 마케팅 관련 업무로 수년간 출입하면서 평택LNG기지 방문과 프랑스가 낳은 세계적인 에너지 기업 로열더치셸을 비롯하여 프랑스 토탈, 미국 백텔 관계자의 인연도 없지 않다. 이런 관점에서 보면 한국가스공사가 축적한 기술을 통해 북극해에 매장된 천연가스를 가지고 국부(國富)로 승화시키는 작업을 지금부터라도 착실하게 진행시키는 노력이 필요할 터다. 하지만 천연가스 해외 진출 방안에 대해서는 비전문가인 나보다는 전문가의 의견과 제안을 여기에 옮겨서 이해를 구하는 일이 순서일 것 같다. 다만 글로벌 그린마켓의 승자(또는 토탈과 같은 글로벌 에너지기업과의 대등한 그린테크를 구축해서 승자)가 되기 위해서는 이론보다는 실천력과 함께 천연가스 보고인 북극해에 진출할 웅비(雄飛)와 저력(底力)에 큰 기대를 걸고 싶다.

"한국가스공사의 건설·운영기술과 일본 미쓰이(三井)의 자금동원 능력, 선진적 경영기법, 글로벌 시장 내 인지도, 그리고 삼성물산의 글로벌 사업 노하우 등이 결합하여 진입장벽을 극복한 것이다. 이는 한국과 일본 기업이 글로벌 에너지 시장에서 상호 보완적 역할 분담을 통하여 윈-윈 모델을 창출할 수 있는 계기가 된다."(<매일경제> '천연가스 기업 글로벌 경쟁력 키워야', 2011. 2. 11일자 참조)

7. 혼란과 기대 속에 미래를 지향하는 해외건설 프로젝트

재스민 혁명 이후 한국건설업계는 초비상에 돌입했다. 그 좋던 '중동 특수'가 벼랑 끝에 몰리고 있다. 한국건설업체의 달러 박스인 중동지역 공사 수주에 빨간불이 켜지고 있다. 중동은 2010년 한 해 동안 해외공사의 66%를 차지하는 텃밭이었다. 중동지역에는 308개 한국건설업체가 402건의 건설 프로젝트를 수행하고 있다. 누적 계약금액만 2,587억 달러에 이른다. 이 덕에 2010년 한 해 동안 한국은 해외건설부문에서 사상 최초로 715억 8,000만 달러의 실적을 올렸다. 한국 정부는 이러한 추세라면 올해는 800억 달러 달성은 무난할 것으로 파악해서 이를 발표해 한국 건설업계의 주가를 상종가로 끌어올리는 호재로 작용했었다. 하지만 중동지역 민주화 열기로 촉발된 재스민 혁명의 여진이 한국 해외 건설사업에 비상등이 켜지고 있다.

◆ 5분의 1토막 해외 건설 수주 실적

해외건설협회 발표에 따르면 올해 들어 지난 2월 말까지 해외 건설수주 실적은 총 45억 6,300만 달러로 집계되었다. 이는 지난해 같은 기간의 254억 8,900만 달러와 비교할 때 17.9%에 불과한 것이다. 그렇다고 더 개선될 조짐은 기대난이다. 중동지역 민주화 열풍이 튀니지나 이집트에 국한하지 않고 아라비아 海 GCC 권역 6개국까지 번지고 있어 안갯속이다. 더욱이 수주도 문제이지만 공사 지연 문제도 업체들로서는 고민거리가 아닐 수 없다. 각종 공사가 지연되면 비용이 늘어날 수밖에 없기 때문이다.

◆ 재스민 혁명이 진정되면 오히려 호재로 보는 이유

위기 속에 기회가 있다면 변화 속에 시장이 있기 마련이다. 내가 바로 앞에서 안갯속이라고 단정(?)해도 여기에 따른 반론이 없지 않다. 재스민 혁명이 진정되면 오히려 호재(好材)로 보는 시각도 없지 않다. 상반대의 견해를 교집합해 보면 수출 한국의 중동 특수는 완결이 아니라 새로운 시작으로 다가오는 것도 불가능은 아니라는 것을 알 수 있다. 우선 성난 민심을 달래기 위한 히티스테의 일자리 창출과 일자리 기회 제공으로 추가 사업이 발주될 가능성에 주목할 수밖에 없다. 결국 올해 해외 건설공사 수주 목표치 달성 여부는 이번 중동지역 사태가 얼마만큼 빨리 진정될 수 있느냐에 달려 있다.

2011년 2월 압둘라 빈 압둘아지즈 알사우드 사우디아라비아 국왕은 370억 달러 규모의 서민복지정책을 내놓았다. 저소득층 국민에게

실업수당을 지불하고 주택까지 공급하는 방안을 당근으로 내놓고 성난 민심을 달래고 있다. 이에 더해 2014년까지 교육 및 의료 등 인프라스트럭처 확충에 4,000억 달러까지 풀기를 발표했다. 카보스 빈 사이드 알사이드 오만 국왕은 최저임금을 40%를 인상하는 유화책을 제시했다. 5만 명의 신규 취업을 보장하고 실업자에게 한 달간 387달러씩 지급한다는 계획도 발표했다. 우선 발등에 떨어진 불을 끄기 위해 온탕정책으로 시위의 핵심을 피하려는 선심정책이 봇물을 이루고 있다. 더구나 중동지역에서 히티스테의 고용을 확대하기 위한 가장 손쉬운 방법은 유전과 천연가스 개발 사업을 늘리는 일이다. 따라서 장기적인 안목과 견해로 보면 건설회사 중동지역 발주가 2010년 수준 이상으로 활기를 띨 가능성이 높다.

다음으로는 원유 가격이 천정부지로 오르는 점도 호재가 된다. 지금처럼 중동지역에서 고유가 행진이 계속되는 현실에서 보면 결국은 마이너스가 아닌 플러스 요인으로 간주할 수 있어서다. 오일머니로 중동지역 국가 수익성이 개선되면 추가로 각종 건설 프로젝트를 발주할 여력이 생기기 때문이다.

◆ 우리끼리 저가 수주로 멍든 해외 건설의 관행에서 탈피

이번 재스민 혁명을 호재로 가기 위해서는 우선적으로 지금까지 알게 모르게 지속되었던 우리끼리 저가(低價) 수주의 반성과 과오를 새롭게 정립해야 한다는 목소리에 귀를 기울인 노력을 가시적으로 보여야 한다.

지난해 사상 처음으로 715억 2,000만 달러의 건설공사 수주 실적을 올리며 '제2의 르네상스' 기분에 도취했었다. 그러나 이것은 잠시뿐이었다. 시위 사태 여진에다 국내 업체끼리 치고받는 과당경쟁 논란으로 몸살을 앓고 있다. 그 좋던 한국 건설시장이 불황에 빠지자 해외에서 실적을 올려 만회하려는 정부와 기업의 '실적 만능주의'에다 외국 회사보다 기술력과 자본력이 부족해 발주처에게 쉽게 흔들리고 있는 게 주된 원인으로 거론되고 있다. 과당경쟁에 따른 저가 수주 논란은 발주처도 문제가 있지만 1차적으로는 국내 건설사와 정부 책임이 적지 않다.

한국 건설사의 경우 CEO와 임원의 수주실적이 없으면 자리 지키기가 사실상 어렵다. 새 시장 개척을 위해서는 현지 실적이 필요해 의도적으로 덤핑에 가까운 가격이라도 무조건 수주에 대한 욕심을 꺾지 못하고 있다. 현재로서는 업체 간 과당경쟁을 말리기가 쉽지 않다. 건설업계에서는 '총성 없는 전쟁'같은 건설공사 수준전에서 '페어플레이 정신'은 찾는다는 것은 희망사항일 뿐이다. 한국 정부도 이제는 원점에서 해외건설의 실적 이익을 높이는 부분을 놓고 고민과 연구가 필요할 때가 아닌가 싶다.

크게 세 가지 부분에서 개선책을 제시한다. 하나는 한국 건설업체들이 외국 업체처럼 기술력(코리아 테크)과 파이낸싱(financing) 능력을 키우는 일이다. 둘은 발주처보다 우위에 서서 전문성을 업고 진검 승부를 내는 테크닉 발휘하는 것이다. 마지막 셋은 각종 건설 프로젝트의 기술력을 눈으로 직접 보여주는 일이다. 중동지역 발주처는 훌륭한 제안서나 실적표보다는 직접 눈으로 확인된 건설공사 자체에 높은 점수를 준다. 보는 것에서 승부수를 띄워야 한다. 이를 위해 최고·최대·최초는 충분조건이 된다.

다행스럽게도 최근 SK건설은 유럽과 아시아를 해저터널로 연결하는 공사수주에 성공했다. 한국 동남권 역사를 바꾼 가거대교의 공사현장을 2008년부터 직접 방문해서 확인에 확인을 거듭시켜 수주에 성공했다고 한다.

◆ 유럽~아시아 연결 해저터널 착공

2011년 2월 SK건설이 발표한 자료에 따르면 '터키 유라시아 터널'은 보스포러스 해협을 관통하는 총 14.6km로 건설된다. SK건설이 터키 기업인 야프메르케지와 극동건설 등과 컨소시엄을 구성해 2008년 12월 사업권을 따낸 뒤 2년에 걸쳐 총 사업비 11억 달러를 투자해 디자인 등의 준비를 끝내고 착공했다. 컨소시엄은 55개월(4년 7개월)간 공사를 끝낸 뒤 311개월(25년 11개월) 동안 유지와 운영을 도맡게 된다.

이제 한국의 건설 프로젝트는 바다에서, 땅에서, 남극에서 시공되고 있기 때문에 눈으로 보여 주고 완공시켜 코리아 테크의 건설신화를 만들면 중동지역 건설시장에서의 명실상부한 '제2의 르네상스'가 본격적으로 열릴 수 있다.

PART 4

다시 시작하는 코리아 마케팅

▶ ▶ ▶ 마케팅은 장사다. 장사다운 상행위가 바로 마케팅의 본질이다. 자본주의의 장점이 소득과 분배에서 사회주의와 대비되듯이 자본주의 태생적 가치는 경제주체에 필요한 자양분에 해당하는 이익 발생부터 서로의 몫으로 분배하는 일까지 모두 마케팅이다. 이를 위해서 보이는 전술과 보이지 않는 전략, 단기와 중·장기적인 시기의 분배를 함께 고려대상에 포함시켜야 한다.

이러한 마케팅 기준에 따라서 보면, 종파와 부족으로 점철된 중동 지역의 특수성 때문에 다른 마케팅 기법의 접목 없이는 한국은 항상 뒷전이 될 수밖에 없다. 따라서 지금 세계경제에 회자되고 있는 '패스트 플로'보다는 '퍼스트 무버' 수준의 코리아 마케팅을 완수하기 위해 프로젝트 마케팅(같은 수준의 프로덕트 마케팅)을 고려할 수 있겠다. 반면 중·장기의 외교 마케팅은 실리주의에 기반 한 미래의 준비로서 히티스테의 등장과 함께 그들을 품는 외교적(문화·정치·시장) 가치 중시의 마케팅을 접목해야 한다. 기술적으로 기성형(旣成形)에서 진일보된, 세분화한 맞춤형을 추구해 이를 집대성하면 마케팅의 본질인 장사와 일치할 수 있다.

따라서 제4부는 크게 두 가지 측면으로 나누어 코리아 마케팅의 진수를 만나게 된다. 지금과 같이 급변하는 종파와 부족 간 갈등의 내세(內勢)와, 원유와 천연가스의 이권에 농축된 서구 외세(外勢)의 진입을 염두에 두고 설정한 함수관계를 알아야 하는 것이다. 물론 중동지역을 통한 검은 대륙 아프리카 시장의 교두보 확보와 포스트 재스민 혁명, 그리고 외교 마케팅으로 어깨동무할 국가의 기업과 함께 중동지역 시장을 진출하는 일이 추가되어야 한다.

독불장군식 마케팅은 이제 구시대의 장사수법이나 다름없게 되었다. 1952년 이집트 나세르가 독립혁명으로 아랍인에게 희망을 안겨 주었던 당시로부터 60년 만에 진정한 민주화에 눈을 뜨고 들불처럼 시민혁명을 일으키고 있는 중동국가 히티스테들은 곧 미래의 주인공이자 코리아 마케팅 주요 타깃임을 인정해야 한다. 그들은 미래의 일꾼이고, 동시에 중동지역 시장의 주역까지 겸하고 있기 때문이다.

여러 차례 반복하지만 위기 속에 기회가 있고 변화 속에 시장이 있다. 시장이 무엇이냐? 시상이 별 것이냐? 장사의 본질에 따라 마케팅 기법을 차용하거나 이용해 중동시장을 끌어안게끔 마케팅 능력을 배양하여 코리아 마케팅 파워로 작동시키면 끝이다. 이를 금과옥조로 삼아 코리아 마케팅을 매뉴얼로 꾸려서 자원빈국 한국은 변혁의 시장을 새롭게 보듬어 가면 된다.

그동안 한국이 심어놓은 코리아 파워는 막중하고 강하다. 지금도 중동국가에는 '코리아 건설 신화'가 존재한다. 이를 마케팅으로 승화시키면 얻어내는 편익은 지대하고 동시에 무한성을 기대할 수 있다. 그래서 특별하게 마케팅 아류인 케이스 스터디(case study)를 첨부시키는 일을 포함시켰다. 한마디로 장사를 위한, 장사에 의한, 장사에 대한 큰 틀을 얻어낼 지름길이기 때문이다.

6 코리아 마케팅은 타이밍이 중요하다

1. 중동지역에 통용되는 프로젝트 마케팅

마케팅이 기업의 성패를 좌우한다고 경제학자들은 주장한다. 조직원 모두가 마케팅 사고(思考)를 지녀야 한다고 사장은 훈시한다. 마케팅, 마케팅, 마케팅…. 이제 마케팅이라는 단어는 광범위한 영역을 통해 일반화된 개념이다. 서점마다 마케팅 코너가 있는 것도 이를 잘 방증하고 있다.

하지만 고객 세분화의 생산 마케팅에서, 특히 중동지역 프로젝트 마케팅 전개는 기업 경영 그 자체의 한 방법이라는 것에서부터 출발해야 한다. 프로젝트 마케팅의 궁극적인 목적은 고객과 지역을 함께 아우르는 생산적인 아이템으로서 미래시장 진입을 지향하는 준비단계로 정리할 수 있다. 현대 마케팅에서 프로젝트 마케팅의 원리가 요구하는 대로 과학적이고 생산적인 결과를 얻어내는 일이다. 아니 그렇게 풀어야 한다.

생산과 마케팅은 기본적인 차이가 있기 때문에 이를 인정하고 나서 소비자와 기업의 관계, 사회 트렌드와 시장 가치, 제품과 지역의 틈새까지 고려 대상에 넣어 이를 믹싱(또는 혼합)하는 일이 곧 중동지역에 통용되는 프로젝트 마케팅의 기본 틀이다.

이어서 소개할 프로덕트(product) 개념이 생산과 일치된 마케팅이라면, 프로젝트(project) 마케팅은 각종 공사와 관련된 비즈니스 아이템이라는 차이점에 유의가 필요하다. 그래야만 혼돈과 몰이해의 함정에서 벗어난 중동지역에 통용되는 두 가지 마케팅 원리를 제대로 파악하는 힘이 생길 수 있다.

◆ 프로젝트 마케팅 프로세스

하지만 기존의 프로젝트 마케팅은 광의의 마케팅 이론을 기반하고 있지만 중동지역에 통용되는 프로젝트 마케팅은 지역의 특수성과 소비 계층을 함께 아우르는 토털 개념이 강하다. 이를 위한 마케팅 프로젝트는 도표에서 보듯이 대강 일곱 가지 단계를 거친다. 결국 시장조사로 시작해 사후 관리(after service)까지 전 단계가 하나의 마케팅 툴(marketing tool)로서 절묘한 마케팅 진실을 발견할 수 있다.

이를 쉽게 다시 정리해 보면 중동시장이 필요로 하는 생산계획(before service)을 시장조사에 의해 세워야 한다. 이어서 그 계획을 기본으로 그 시장이 원하는 방향으로 전개될 수 있게끔 전달(communication)하는 일도 함께 챙겨야 한다. 마지막 단계에 이르러서는 그 시장의 사후 관리체계를 위한 애프터서비스(after service)로 마무리하는 일이다. 언뜻 보면 상품지향 마케팅과 별로 다른 점이 없지만 중동지역에 통용될 수 있는 프로젝트 마케팅의 본질이 프로세스라는 물류관계까지 포함해야 하는 점이 다른 마케팅 기법의 도입에 필요함을 내재하고 있다.

지금처럼 지구촌 경제 환경이 나라와 나라, 기업과 기업의 사이를 두지 않고 마케팅이 함께 진행되는 과정을 볼 때 경쟁은 치열하게 전개되고 있는 것이 일반적인 추세다. 여기에는 기술적 발전이 광속으로 진행되면서 동시에 프로젝트 마케팅 본질과 이론은 변화의 틀에서 중동지역의 특수성까지 고려하는 삼중 부담을 안고 있다. 그러나 이러한 변화와 속도, 그리고 마케팅 운영이 도사리고 있다고 해도 중동지역에 통용되는 프로젝트 마케팅의 본질은 미래수요를 고려한 접근정책이 필요할 터다.

크게 세 가지 전술적 마케팅 운영이 최적의 대안으로 떠오르고 있다.

하나는 시장 선도자(leader)의 마케팅 전략이다. 중동시장에서 경영자원과 독자성을 구비한 시장 선도자(또는 시장 아이템)는 다른 경쟁기업에서 항상 경쟁목표가 되고 있다. 그들이 취해야 할 전술 지침은 중동시장을 전방위로 장악하는 것이 목표다. 그러므로 미투(me too)에 걸맞은 프로젝트 마케팅을 구사하는 일이 필수가 된다. 때문에 시장 선도자 기업의 전술적 가치는 지대하게 된다.

둘은 시장 도전자(challenger)의 마케팅 전략이다. 중동시장에서 항상 시장 선도자 기업의 지위를 겨냥한 시장 도전자는 그만큼의 경영자원을 보유하고 있다. 또 수행 실적도 있기 때문에 목표가 되는 시장 도전자 기업도 두려운 존재다. 이를 감안해서 전술적 가치와 방법을 중동시장 수준에 맞게 가공하거나 접목하는 일이 필요할 수 있다.

셋은 시장 적소자(nicher)의 마케팅 전략이다. 시장 선도자나 시장 도전자와는 달리 시장 지배율에서 열세이지만 기술과 능력에 따른 프리미엄이 구비된 적소자는 그 분야의 독점시장을 가지는 경우에 해당한 마케팅 전략이다. 독점 시장에서 시장 적소자는 미니 시장 선도자(mini leader) 기업으로 존재하고 있다. 따라서 중동시장에서 성장을 지속시키기 위해서는 특화된 시장을 가지기를 기대한다. 그것을 더욱 집중해가면서 시장 적소자로서의 독자성을 강화하는 마케팅 전략이자 마케팅 원리다.

◆ 코리아 테크 아이템과 프로젝트 마케팅의 이원적 믹싱

제3부에 소개한 코리아 테크는 모두 일곱 개 아이템으로 짜였다. 이 가운데 중동지역에서 프로젝트 마케팅이 통용되는 아이템은 다섯 개 아이템이다. 이를테면 태양광발전과 해수 담수화 설비 원자력발전과 천연가스 등이 해당된다. 이들 코리아 테크 아이템을 프로젝트 마케팅 프로세스로 대비시켜 중동시장에서 득세할 시장점유율 높이기는 이원적(二元的) 마케팅 믹싱에서 힘이 생긴다. 마케팅 파워의 진수로서 우위 확보를 의미한다. 그렇다면 어떻게 이원적 마케팅 믹싱을 극대화할 수 있을까? 어떤 방식으로 마케팅 믹싱의 효과를 얻어낼 수 있을까? 이 두 가지 과제와 미션을 해결하는 방법은 기술과 자본을 시장과 마케팅으로 풀어서 경쟁력 확보로 우위전략을 삼으면 된다. 가능하면 우선순위에 따라 중동시장에서 필요한 매뉴얼을 갖추어 이를 활용하는 방법을 모색해 실천하는 것이 좋다. 도움말로는 '잘 키운 기술 하나, 열 제품 안 부럽다'쯤이다.

◆ 잘 키운 기술이 바로 중동지역의 최강자로 가는 지름길

항상 변수가 많은 중동지역에서 프로젝트 마케팅이 승리하기 위해서는 해외 플랜트산업의 경우 '가격+기술+납기'가 3대 요소다. 이 가운데 기술은 중동시장 진출과 확대에서 프로젝트 마케팅의 진수(眞髓)에 해당한다. 특히 한국 기업들 중 중동지역에서 강자로 등장하는 경우는 이를 잘 갖춘 기업인 경우가 대다수다.

이러한 기술 우위는 최근 화두로 떠오르고 있는 녹색기술 분야에서 활발하다. 특히 원자력발전소 건설은 아부다비 진출 이후 초미의 관심사로 대두되면서부터다. 그러나 프랑스와 일본 등 선진국 경쟁사와의 수주경쟁에서 기대 이상의 힘을 발휘하지 못한 것은 핵이라는 이중적 가치가 항상 걸림돌이었다. 더불어 파이낸싱 능력에서 우위전략 실패는 한국 금융업의 한계이기도 하다.

하지만 최근 핵폐기물 없는 토륨원자로 개발이 대안으로 떠오르면서 관련 업계는 새롭게 전열을 가다듬고 있다. 토륨원자로는 핵연료에 들어 있는 우라늄-238이 플루토늄으로 변환되어 핵폭탄 재료가 되지만 토륨원자로는 플루토늄을 만들어내지 못하기 때문이다. 반면 토륨 매장량이 풍부한 인도는 2000년부터 토륨을 이용한 원자로를 개발하고 있다. 이를 지켜본 한국은 이제 중동시장에서 어깨동무할 나라로 인도를 꼽는다. 한국은 그동안 20기에 달하는 원자로를 운영한 기술 강국이다. 따라서 프로젝트 마케팅을 활용한다면 진정한 글로벌 강자로서 파이낸싱 능력의 한계를 넘어 중동시장을 장악하는 데 기반이 되는 코리아 테크의 승자가 될 수 있다.

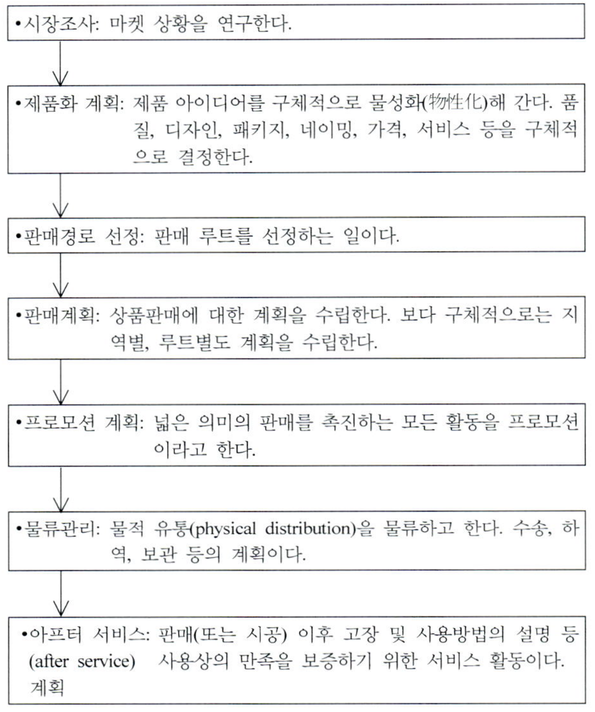

〈도표 6-1〉 프로세스(marketing process)

2. 중동지역에서 통용되는 프로덕트 마케팅

먼저 프로덕트 마케팅에 대한 이해를 다시 강조한다. 앞에서 기술한 대로 프로덕트 마케팅(product marketing)은 생산과 광고가 일치된 마케팅이 본령이다. 이를 현실적으로 접근한 프로덕트 마케팅으로 유명세를 얻고 있는 기업이 목하 화제다.

GM 하면 미국의 대표적인 자동차 메이커다. 최근 GM은 자사 브랜드를 런칭하면서 단 한마디로 출사표를 던졌기 때문이다. '쉐보레.' 'GM이 좋다면 곧 미국도 좋다'는 이 한국GM이 한국의 전 매체를 통해 광고 카피를 단 한마디로 통일시켜 광고의 진수(眞髓)를 보여주었다. 마치 현대 프로덕트 마케팅은 이렇게 하는 것이라는 몸짓처럼 말이다.

GM은 2002년 대우자동차를 인수한 후 회사명을 'GM대우'로 사용하다가 올해 3월 1일부터 프로덕트 마케팅 이론에 주목해 퍼블릭 론칭 행사로 브랜드를 '쉐보레(Chevrolet)'로 통일시켰다. 그리고 소비자에게 던진 광고 메시지가 한국GM 브랜드인 '쉐보레'다. 얼마나 간단하고, 멋지고, 눈물 나는 광고 파워인가.

◆ 프로덕트 마케팅이 필요한 중동시장

제품과 시장은 서서히 성장하면서 성숙기를 맞고 득세한다. 반대로 성숙하다가 쇠퇴하는 경우도 있다. 이러한 환경은 결코 제품이 시장을 움직이는 것이 아니라 시장 그 자체가 지속적으로 생물과 같이 변화의 과정을 거치는 데서 발생한 결과다. 시장이 빠른 속도로 변화해 가는 것에 대해 기업은 성공한 시점에서 안정을 유지하려고 한다. 그러나 기업이 안정된 상태를 유지하기 위해 살아 있는 생물인 시장을 조정하는 일은 불가능하다. 기업이 안정을 추구할수록 기업은 그 자리에서 경직되어 버리는 경우가 빈번하다. 또 고정관념에서 벗어나려 해도 깊이 빠질 수 있다. 그사이에 시장은 변화를 멈추지 않는다.

그렇게 되면 경직된 기업과 계속 움직이는 시장 사이에 차이(gap)가 생긴다. 그 차이를 메우는 일은 생각보다 어렵다. 그리고 하나의 기업이 아니고 업계 전체가 고정관념에 빠질 수 있다. 특히 제약의 경우에 히트 상품이 소비자에게 외면과 추월이 아닌 신상품 출시로 자체적인 백기를 드는 경우다. 예를 들면 드링크 경우 지존이었던 '박카스'가 '비타민 C'에게 그 명예를 내주었던 한때를 기억하게 한다. 'OB맥주'가 '하이트맥주'의 추월을 허용하는 등 프로덕트 마케팅을 필요로 하는 일이 이제 다반사로 일어나고 있다.

중동지역 코리아 테크에서 프로덕트 마케팅이 필요한 것은 바이오 제약 분야다. 특히 관절염 개선제나 치료제는 전 세계적인 메이커들의 경쟁도 치열하지만 유전자 조작으로 기술적 혁명이 극심하게 발생하는 분야에 속한다. 따라서 프로덕트 마케팅을 이용한 런칭에서는 약의 성능과 효능을 광고하는 것도 중요하지만 한국GM처럼 기업의 브랜드 가치를 믿고 이를 마케팅의 승부처를 삼아야 한다. 그래야만 퍼블릭 론칭 효과에, 기업 이미지를 풍성하게 하는 프리미엄 또는 광고 시너지 효과를 만끽하는 가운데, 중동지역 히트상품으로의 등극이 보장될 수 있다. 이를 위해 전략적 접근과 전술적 가이드라인이 포함된 제품의 최적 조합을 챙겨 보자. 크게 두 가지로 나누면 제품의 최적 조합과 제품의 분류를 통한 기준 설정이다.

◆ 제품의 최적 조합

제품계획(product planning)은 소비자 니즈와 메이커의 이익을 모두 만족시키는 제품의 최적 조합(product mix)을 구축하는 프로덕트 마케팅 행위이다. 제품 구성의 계층 관계는 도표처럼 제품 계획 결정으로, 모두 여섯 가지 카테고리로 연결되어 있다. 이를 믹싱하면 제품의 최적 종합을 이룰 수 있을 뿐 아니라 중동지역에 필요한 프로덕트 마케팅의 밑그림까지 그릴 수 있다. 이를 광고전략이나 프로모션으로 연결하기까지는 기술적인 데이터의 결집에서 광고의 콘셉트를 찾아야한다.

◆ 제품 분류

제품 구성 시 문제는 분류(classification) 기준이다. 이를 도표화시키면 제품의 성격에 의한 분류를 비롯하여 판매 대상에 의한 분류와 판매정책에 의한 분류 등으로 구성할 수 있다. 특히 프로덕트 마케팅에서 제품의 분류에 따른 오류를 방지하기 위해서는 제품분석 방법을 동원하는 것을 배제할 수 없다. 왜냐하면 프로덕트 마케팅이 요구하는 'POST 분석'을 충족시키기 위한 가이드라인 설정이 빛을 발할 수 있다는 과학적 통계를 우리는 가지고 있기 때문이다. 그래서 마케터들은 메이커와 협의에 의해 POST 분석의 본류인 P(이익: Profit)와 O(독창성: Originality), 그리고 S(매출액: Sales)와 T(트렌드: Trend) 등 네 가지 측면을 고려대상으로 삼아야 한다. 중동시장의 생태계가 이를 요구하고 있고, 동시에 세계적인 제약 메이커들이 군웅할거(群雄割據)의 놀이터(?)를 방불케 하는 극심한 시장을 형성하고 있다. 조금은 전문적인 용어와 마케팅 전략이 등장하는 비생산적인 요소로 치부해도 되지만 만에 하나 중동시장을 미래 시장으로 간주한다면 이러한 마케팅 노력은 필수에 가깝기 때문이다.

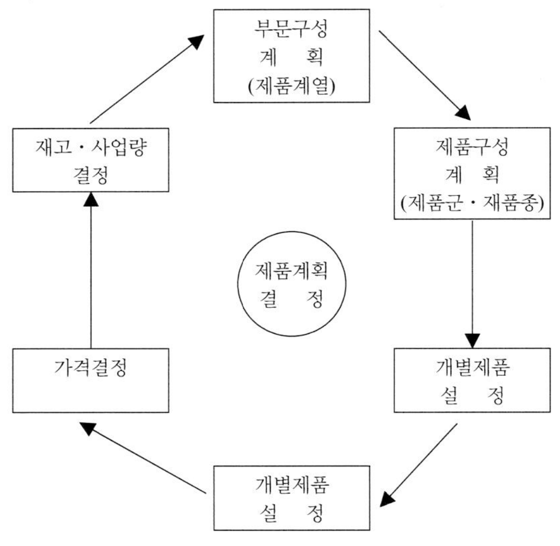

〈도표 6-2〉 제품 계획의 체계

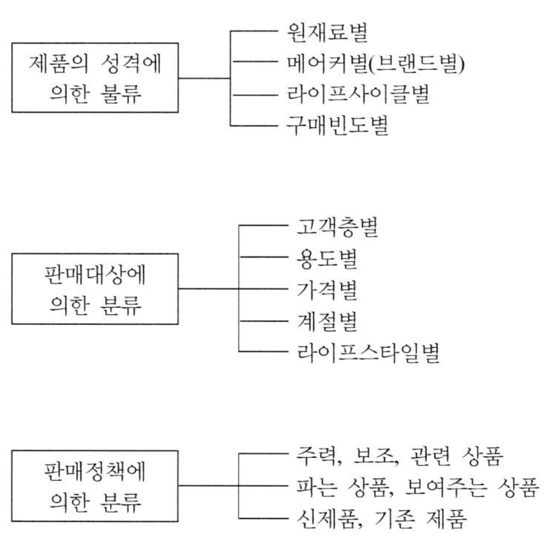

〈도표 6-3〉 제품 분류 기준

3. 케이스 스터디로 본 중동지역 프로젝트 마케팅

경제주체들은 때때로 불확실하고 변수가 많은 경제사회에서 리스크 발생과 피해를 최소화하기 위해 벤치마킹을 실시한다. 가능하면 시행착오를 줄이기 위해서다. 정부는 정부대로 예산집행을 제대로 수행하기 위해 벤치마킹에 나선 반면 기업은 손실을 막아야 하는 입장에서 이를 실시하고 있다. 같은 이치로 프로젝트 마케팅(프로덕트 마케팅 포함)에서는 여러 사례를 통해 벤치마킹의 아류인 케이스 스터디(case study)라는 마케팅 기법을 동원한다. 열에 하나 정도로 있을 법한 리스크에서 벗어나고 동시에 시행착오를 최소화하는 데 케이스 스터디는 항상 유효하기 때문이다. 이러한 이유에 따라 케이스 스터디라는 마케팅 잣대의 동원과 활용은 큰 의미를 가지고 있다. 우리도 이를 차용(?)해 중동지역에 통용되는 프로젝트 마케팅을 제대로 알고 이를 필요로 하는 일에서 케이스 스터디는 절대적 가치를 지닌다. 프로의식을 발휘할 수도 있다. 그래서 사례별 케이스 스터디를 벤치마킹 아류를 넘어 본류로 보는 마케팅 전문가도 없지 않다.

왜 지금 케이스 스터디가 필요한가에 대한 물음에 대한 답은 이미 준비되어 있다. 그 좋던 중동 건설시장이 재스민 혁명의 과정을 거치는 동안 성장이 멈추면서부터 과거를 다시 돌아보는 성찰의 시간이 필요하기 때문이다. 지난 2009년 7월 어느 날 언론매체의 기사를 읽어보자. '아라비아 산업지도, 한국이 다시 그린다'에서 발췌한 내용이다. 이 기사가 보도된 시점에서 보면 고작 15개월 전이 까마득한 전설이 되고 있는 세상이 바로 지금이다.

"…일본과 유럽 업체가 장악하던 중동 땅이 '상전벽해'가 된 것
이다. 이는 마치 미국여자골프대회(LPGA)를 휩쓸고 있는 한국 낭
자들을 떠올리게 한다. 플랜트사업도 한국 업체들이 줄줄이 이름을
올리고 있어서다."(<매일경제>, 2009. 7. 30일자 참조)

향후 이런 수주가 또 이루어지기 위해서도 이런 기억을 잊을 수 없
지 않은가? 더 욕심을 내자면 가까운 내일에 이 기사가 추억의 한 페
이지로 남는 그날이 다시 오기를 기대하면 된다.

◆ 아프리카 흑진주로 떠오르고 있는 적도 기니

적도 기니(Republic of Equatorial Guinea)는 아프리카 중서부에서 대
서양 연안을 끼고 있다. 위로는 나이지리아, 아래로는 콩고 사이에 위
치하고 있다. 면적은 한반도의 1/8, 인구는 60만 명으로 아프리카 강
소국에 속한다. 정치체제는 대통령 중심의 공화제를 지니고 있다.

1968년 10월 스페인으로부터 독립하여 전형적인 아프리카의 빈국이
었지만 원유가 생산되면서 지금은 자원부국으로 사회 및 교육시설은
근대화에 모범국 반열에 오르고 있다. 원유 매장량은 35억 배럴로 튀
니지의 7억 배럴보다 5배나 더 많아서 이미 부자국가 반열에 들어섰다.

올해 6월 수도 말라보(Malabo)에서 52개국 아프리카 정상들이 한
자리에 모이는 정상회의가 있어, 지금 말라보는 공사판과 다름없다.
수도 말라보에서 차로 20여 분 달리면 시포포지구가 나온다. 해안도
로 양측에 웅장한 고급 별장들이 일렬로 수백 m에 걸쳐 지어지고 있
다. 이 해안에 유럽식 정원을 꾸미고, 특급 호텔 공사가 계속되고 있
다. 해안도로는 이집트 아랍컨트랙터스가 공사를 집행했고, 해변 호

텔은 프랑스 브윅이 맡았다. 병원은 이스라엘 라파스병원의 말라보 분원이 들어섰다. 정상회담이 열릴 컨벤션센터는 중국 기업이 수주해 마무리 공사단계에 들어갔다.

아프리카 3대 산유국이 된 적도 기니는 지금 경쟁이 벌어졌다. 미국과 프랑스, 이탈리아와 독일 등 유럽 선진국을 비롯하여 한국과 중국, 그리고 일본 등 20여 개 국가의 건축·토목·플랜트 업체가 총출동하여 적도 기니 시장을 선점하기 위한 백병전을 치르고 있다.

2011년 1월 벌어진 바르잔 가스발전 프로젝트 입찰에서 설계와 자재, 시공(EPC) 업체가 선정되었다. 17억 달러 규모였다. 이 프로젝트의 수주는 예상을 깨고 일본 JGC에 돌아갔다. 한국의 삼성엔지니어링이 유력할 것으로 점쳐졌지만 고배를 마셨다. 그 이유는 낙찰가격에서 1위를 했지만 발주처에서 2위였던 JGC를 불러 삼성엔지니어링만큼 가격을 낮춰달라고 요구했고, 이를 JGC가 수용하였기 때문이었다. 바로 이 점이 프로젝트 마케팅에서 필요한 케이스 스터디로서 가치와 본령의 회우를 겸하는 대목이다.

결론부터 얘기하자면 일본도 해외 플랜트 수주 물량이 급감하자 가격파괴 바람에 동참하는 일이 비일비재하게 진행되고 있다. 플랜트 업계 강자인 유럽도 최근 최저가 입찰에 합류하고 있다. 저가 수주의 대명사 주식회사 중국의 황사바람은 한국에게는 '경쟁'이 아닌 '공포'가 되었다. 일본도 '상대'가 아닌 '적수'가 되고 있다.

플랜트산업은 개념설계부터 기초설계, 그리고 실제설계로 이어지는 엔지니어링 과정에 이어 구매와 시공과 유지보수 단계를 거친다. 전체 과정을 관리하는 게 프로젝트 매니지먼트(PM)다.

첫째, PM을 위해서 인적 자본 중심의 서비스에 가치추구가 가능하다. 부존자원보다는 인적 자본에 의존해야 하는 한국으로서는 매우 적합한 형태의 산업이 플랜트산업이라는 뜻이다. 둘째는 이 시장의 규모다. 가까운 내일에는 민주화를 요구하는 국민을 위해 더 많은 사회간접자본 투자가 예상되어 옛날의 투자규모를 상회할 수 있다. 셋째는 한국인의 문화에 맞는 산업이라는 점이다. 이제는 한국이 기술력으로 세계 최고에 오르고 있어서다. 이게 끝이 아닌 시작이라는 점을 명심해서 내일을 준비하는 마음에다 부흥의 시간을 기다리는 자세가 더욱 필요하게 되었다.

◆ 틈새시장으로 성공

2006년 10월 12일은 적도 기니가 스페인으로부터 해방된 지 38년 된 독립기념일이지만 최초로 먹는 물을 갖게 되는 날에 해당한다. 2004년 시작된 몽고모시의 현대엔지니어링 상수도공사 완공으로 3,000여 가구가 식수를 공급받게 되었다. 뒤이어 에비나용에서도 상하수가 완비되어 총 7,000여 가구가 깨끗한 물을 맛보게 되었다. 이처럼 현대엔지니어링은 틈새시장을 개척했다. 적도 기니 국민의 대다수가 제대로 된 식수혜택을 받지 못했다는 현실에 착안한 전략이 주효한 것이다. 한때 수인성 전염병으로 수천 명이 사망했을 정도로 '깨끗한 물'에 대한 갈증은 컸었다.

권중기 현대엔지니어링 소장은 "상하수도에 이어 친환경 사업에 역점을 두고 있고 신도시 개발과 항만 등 인프라스트럭처 개발에도 나설 것이다”라고 밝혔다. 현대엔지니어링의 또 다른 전략은 케이스 스터디가 요구하는 수준의 사회공헌이다. 야외공원과 축구장 등으로 구성된 2만 7,000m² 규모 몽고모시 ‘우정의 공원’을 만들어 무상기증을 했다. 그래서 적도 기니에서는 상하수도만큼이나 현대엔지니어링의 명성은 그곳 언론매체에 대서특필되는 수혜를 입고 있다.

이를 토대로 한국 플랜트산업은 다운스트림(수송·정제·판매) 분야에서 부가가치가 높은 업스트림(탐사시추)으로 전략을 수정해 미래를 준비하면 된다. 이제부터 한국 기업들이 적도 기니에서 얻어낸 틈새시장 개념과 공사실적을 바탕 삼아 ‘업그레이드 플랜’을 완성시키면 이게 바로 프로젝트 마케팅이 요구하는 케이스 스터디의 교과서가 될 수 있는 것이다.

Chapter 7

코리아 마케팅은 이제부터 외교 마케팅으로

1. 덧칠이 필요한 중동지역 정치외교

이번 중동지역 민주화 열풍은 미확인된 정보공개가 여실하게 드러났다. 총체적인 불신을 내포하면서도 여전히 개선의 노력을 요구하는 것이 특징이 되었다. 하긴 적게는 24년, 많게는 42년 동안 정권의 독점에서 야기된 정치현실에서 어느 한 곳 성한 곳이 있었을까? 어느 구석 믿고 싶은 것이 있었을까? 어느 분야에 치중한 정치외교라고 믿을 수 있었을까?

전 세계적인 정보와 첩보를 운영하고 있는 미국 중앙정보국(CIA)마저 이번 중동지역 들불행렬에 대한 오바마 대통령의 오판에 일조하는 등 정보수집 능력에서 한계를 여실하게 보여주었다. 함께 이집트 주재 프랑스 대사의 허술한 보고는 사르코지 대통령에게 눈과 귀를 막는 형극까지 연출하는 등 서방 세계의 정보망 관리는 아프리카

콩고 수준이라는 비아냥을 들었다. 참담한 정치외교의 부재이자 부실이고 동시에 새롭게 덧칠이 요구되는 정치외교의 근본적 수술을 거쳐야 한는 과제를 떠맡게 되었다.

◆ CIA의 이집트 오판

미국 정보기관의 대명사는 첩보와 영화 등에 단골로 등장하는 중앙정보국(CIA)이다. 하지만 미국에는 CIA 외에도 15곳이나 더 있다는 사실은 그리 많이 알고 있지 않다. 국방부 산하에 8곳을 비롯하여 국무부와 에너지부 등에 1곳씩 운영되고 있어 총 16곳이다. 일 년 동안 사용된 예산은 750억 달러로 단순비교해서 한국 국방예산의 3배에 달하고 있다.

미국 16개 정보기관은 정보공동체(IC: Intelligence Community)라고 불린다. 1947년 CIA 창설과 함께 정립된 개념이다. 그 존재 근거와 임무는 로널드 레이건 전 대통령 시절인 1981년 대통령을 통해 명문화되었다. CIA 국장이 IC를 통솔하는 미국 중앙정보국장(DCI)을 겸하고 있다. IC를 통솔하는 DNI 자리는 미국 역사상 처음으로 외부 세력에 의해 본토를 공격당한 2001년 9·11테러를 계기로 창설되어 오늘에 이르렀다.

하지만 자타가 공인하는 세계 최고의 미국 정보기관들이 최근 중동지역 사태에 즈음하여 허술한 정보 제공으로 이미지가 여지없이 망가졌다. 미국 CIA와 DNI 등이 북아프리카 두 나라에서 벌어진 시위를 제대로 파악하지 못하여 백악관과 미국 의회로부터 몰매를 맞고 있는 것이다. 뉴욕타임스는 2월 4일 "오바마 대통령은 정보기관들이 최근 벤 알리 대통령을 몰아낸 튀니지의 민주화 혁명과 호스니 무바라크 이집트 대통령의 하야를 촉구하는 이집트 시위 발생을 정확히 예측하지 못하자 DNI의 제임스 클래퍼 국장에게 실망감을 표시했다”고 보도했다. 또한 이 신문매체를 통해 퇴임한 CIA 요원 브루스 리델 씨는 “튀니지와 이집트에 파견된 정보요원들이 미국을 직접 위협하는 알카에다 같은 테러조직 등에만 신경을 쓴 나머지 이 지역의 광범위한 변화와 예측을 소홀히 한 측면이 있다”고 말했다.

결국 오바마 대통령은 백악관 상황실에서 열린 고위급 안보회의를 열어 격론 끝에 중동정책 전면 재수정을 선택했다. 분명 여기에는 그동안 미국이 취한 중동정책에서 너무나 미국적이고, 너무나 자국보호주의 색채를 강조한 나머지 아랍 세계의 본질에 대한 성찰이 부족했음을 시인할 수밖에 없음을 드러낸 결과였다.

또한 이러한 비평과 시인에 대한 미국 언론인의 지적은 넓은 시각으로 다가온다. 『코드 그린』으로 유명한 뉴욕타임스 칼럼니스트 토머스 프리드먼의 최근 글을 통해서다.

“아랍 지식인들에 의해 작성된 유엔의 2002년 인권보고서에 의하면 아랍 세계는 크게 세 가지의 부족을 겪고 있다. 교육의 부족과 자유의 부족, 그리고 여성 권한의 부족이다. 그러나 미국은 50년 동안 중동을 거대한 주유소처럼 대해 왔다. 사우디 주유소, 이란 주유소, 이집트 주유소, 리비아 주유소 등등. 지역을 향한 우리의 메시지는 일관되었다. ‘자기, 여기 제안이 있어. 석유를 계속 퍼올리고, 유가는 낮은 상태로 유지해. 이스라엘을 너무 괴롭히지 않으면 좋겠어. 우리 신경을 거슬리게 하지 않는 수준에서 하고 싶은 대로 마음껏 해 봐. 인권 따위는 무시해도 좋아. 부정부패도 눈감아 주지. 모스크에서 원하는 대로 설교해. 신문기사에 맘껏 음모론을 펼쳐도 좋아. 복지국가를 만들건, 국민들을 교육시키지 않건 상관하지 않겠어. 단지 석유를 계속 생산하고 유가를 낮게 유지해.
유대인들은 너무 들볶지 말아줘. 그리고 아랍인들의 정체성을 너무
확대하지만 말아줘."

여기서 아랍인의 정체성(政體性)은 과연 무엇이고 과연 어떻게 정
립되었는가를 알아야만 포스트 재스민 혁명을 구체화시킬 뿐 아니라
코리아 테크를 통한 미래시장 확보를 가시화시킬 수 있다.

◆ 아랍인의 정체성 역사기행

역사의 바퀴를 588년 전으로 거슬러 올라가 보자. 1453년 5월 29일
은 지금의 마그레브 시장으로 통하는 지중해 역사의 분수령을 이룬
날이다. 21세의 불타는 야심을 가진 오스만제국의 술탄 모하메드 2세
는 서양인의 지존인 비잔티움제국의 콘스탄티노플을 점령한다. 비잔
티움제국의 멸망으로 유럽은 중세를 마감하고 근대로 접어들고, 지중
해는 주인이 바뀌면서 이슬람의 바다로 거듭난다. 오스만제국의 후예
에 의해 지중해는 이슬람의 영향권으로 들어온 셈이다.

그리고 역사는 다시 흘러 1952년 7월 23일 당시 육군 중령이던 가
말 압델 나세르는 동료들과 함께 무하마드 알리 왕조의 파루크 왕을
축출하고 이집트 공화정을 수립한다. 이때 리비아의 카다피 국가원수
는 겨우 열 살배기 어린이였다. 하지만 카다피는 나세르를 아랍 세계
의 정체성 확립의 설계자로 정해 자신의 정신적 스승으로 삼게 된다.
이를 통해 중동지역의 아랍 세계는 처음으로 서구 열강과 대적하여
독립의 불씨를 살려냈다.

다시 역사가 진행된 이후 60년 만에 튀니지에서 들불처럼 민주화

에 대한 열망과 요구가 봇물을 이루고 있다. 2011년 2월 23년 튀니지의 절대적 권력자 벤 알리 대통령이 야반도주하고 이집트의 무바라크 대통령의 하야가 뒤를 따랐다. 결국 리비아의 카다피도 내전상황으로 몰려 미래가 불투명해지고 있다.

이렇게 아랍세계 역사를 정리해 보면 자연스럽게 덧칠이 필요한 중동지역 정치외교의 밑그림을 그리기가 쉬워진다. 이어서 소개할 문화외교 마케팅과 시장외교 마케팅의 중복을 피하는 선에서 크게 세 가지 측면으로 조명해 보면 의외로 덧칠이 선명하게 다가온다. 이런 조명의 시도(또는 시각)를 통해 중동지역을 발판 삼아 아프리카로 향하는 교두보(橋頭堡)를 구축하는 데 국력을 모아야 한다.

첫째, 실리외교 마케팅이다. 중동시장은 한국 해외 플랜트산업의 보고이자 터전이다. 규모의 경제와 연결의 경제에서 멀리 할 수 없는 숙명적인 달러박스이기도 하다. 정확한 통계는 아직 나오지 않고 있지만 리비아 한 나라에서 그동안 코리아 테크가 작동하다 리비아 사태로 발이 묶인 플랜트 규모는 엄청나다. 그 긴박한 사태에서도 리비아 주재 한국대사관을 폐쇄하지 않고 자국민을 지키는 모습은 곧 리비아 건설시장에 쏟은 열정과 끈기를 그대로 드러낸 것과 다름이 없다.

둘째, 한국은 나무를 심듯 정성과 지성으로 중동시장을 누볐고 지켰다. 여기에서 얻어낼 수 있는 것은 신뢰성 심기와 마찬가지다. 믿음과 사랑을 겸한 신뢰성은 한국의 자산(資産)임을 우리는 잘 알고 있다. 이를 통해 자원외교 마케팅을 펼치는 일이 중요함을 이해해야 한다.

셋째, 시장 확보를 위한 미래지향적 외교 마케팅이다. 글로벌 금융위기 이후 거의 모든 나라는 자국의 기업에게만 문호를 열고 있다. 그래서 1조 원 단위(약 10억 달러)의 건설공사나 해외 플랜트 프로젝트는 중동지역이 유일하다. 그래서 국가적 차원의 미래지향 외교 마케팅을 펴야 한다.

그동안 미국은 '실리'와 '명분'에 치중했다면 한국은 '실리'와 '명분' 다음으로 '자원'과 '시장'을 함께 추구하는 정치외교가 중요하게 되었다. 그러나 이 시장에서의 복병이 도사리고 있다. 중국이 3조 달러라는 경제적 실탄을 인민은행에 쌓아 두고 중동시장을 누비고 다니는 일은 공공연한 비밀이다. 이를 두고 보더라도 시장 확보를 위한 외교 마케팅은 절실한 과제이자 완수해야 하는 명제다. 여기서 덧칠은 지금까지 코리아 테크로 굳혔던 실적과 신뢰를 기반 한 외교적 노력으로 붓을 대야 하는 덧칠이다.

2. 더 주는 것으로 펼쳐야 하는 문화외교

받는 것만큼 주는 것은 문화외교가 아니다. 주는 것만큼 받아 오는 것으로 대리만족하는 것이 문화외교의 본령이다. 받지 못해도 지금까지 우리가 그들에게서 받았기 때문에 지금의 코리아가 존재하고 있다는 것을 인지하는 것으로 만족해야 한다. 대신 코리아 브랜드를 마케팅하기 위해 문화외교의 본질에 다가서는 아름다운 모습에서부터 문화외교의 기본을 찾으면 된다.

아시아를 비롯하여 중동지역에서 펼치고 있는 한류 열풍도 알고 보면 주는 것에 그들이 박수와 환호를 보낸 것이다. 그러나 지금은 아니다. 한류 열풍의 복원이 어려울 정도로 식상한 문화 패턴에 의해 안티 한류문화 기류도 없지 않다. 이유는 간단명료하다. 한류(韓流)의 지존인 '겨울연가'와 '대장금' 이후 히트작 없이 스타 몸값만 띄워 놓은 결과다. 이를 대신해 아이돌 스타에 의한 힘찬 음악과 율동이 중동지역 틴에이저들에게 알게 모르게 한류로 흐르고 있다. 그들이 할 수 없는 음악과 율동으로 한류가 형성되면서 중동지역 한류문화의 수요가 이어진 것은 천만다행이다.

단시간에 수익을 내기 힘든 문화산업의 특성상 장기적인 안목을 가지고 산업 인프라를 구축하는 것이 필요하다는 지적을 감안하면 중동지역에서 문화외교는 그대로 유지할 수 있다. 돌이켜보면 한류산업의 핵심은 드라마였다. 그러나 톱스타 위주로 한류 드라마를 만드는 풍조가 일면서부터 스토리텔링(story telling) 기능이 현저하게 떨어졌다. 인간의 기본적인 소양을 토대로 인간가족을 제시해야 하는데 감성만을 자극한 불륜과 배신, 출생의 비밀과 오락 위주의 동일한 패턴을 고집하는 사이에 소재의 빈곤에서 성장이 멈추고 만 것이다. 일본 평론가 가세와 슌지 씨는 "한국 드라마는 일본 사람들이 좋아하는 배우들은 많지만 스토리 라인이 약하기 때문에 힘을 발휘하지 못하는 것"이라고 지적했다.

한류는 결국 몸값 비싼 '한류스타'는 만들었을지 모르지만 경쟁력 있는 선진 제작 시스템 도입에는 실패했다는 자성(自省)이 끊이지 않는다. 왜냐하면 더 주지 않고 받아내는 데 올인하고 있기 때문이다. 이 가운데 한류의 열정은 그대로 변질되거나 식상한 데 그칠 수밖에 없다. 이를 정치외교 수준으로 끌어올려야 한다. 해외 플랜트산업으로 다진 코리아 브랜드를 다양한 채널과 다양한 유통으로 한류의 본령에 다가서야 한다.

◆ 신전(神殿) 같은 캠퍼스로 이집트 히티스테를 붙잡고

한국 건설업체들이 중동지역 주거시설을 지으면서 분수대와 자연
공원을 겸한 부대시설까지 시공해 주고 있지만 그것은 받는 것만큼
주는 것이지 더 주는 것은 아니다. 따라서 지속가능한 문화시설을 제
안해서 국격을 높이는 일이 대안이 될 것이다. 이를테면 중동시장에
미래투자를 겸한 문화외교를 펼쳐야 한다. 삼성물산(건설 부문)은
2008년 9월 이집트 카이로에서 카이로아메리칸대학(AUC) 캠퍼스를
착공해 4년여 만에 완공시켰다. 이와 같은 수준의 대학 캠퍼스를, 공
사수주로 하는 아이템이 아닌 기부문화 차원에서 제공하는 것에 대
해 이제부터 생각해야 한다. 이를 통해 한국이 구비된 커리큘럼을 제
안해 인재 양성에 도움이 되는 일에서 미래의 문화외교를 펼쳐야 한
다. 별다른 기술교육이 없이 대학만 나왔을 뿐인 히티스테들에게 미
래가 담보된 커리큘럼으로 재교육시키는 차원으로 그들에게 다가가
야 한다. 그냥 커리큘럼이 아니라 'TGiF 시대'가 요구하는 수준의 교
육을 전제해서 만든 커리큘럼이 되어야 한다.

◆ 한류를 겸한 커리큘럼 아이템 제공

이를 나열해 보면 크게 세 가지다. 하나, 중동지역의 배전선은 오
래되어 대부분 낡아 교체의 시기를 맞고 있다. 이를 겨냥해서 제주도
실증단지에 구축 중인 스마트 그리드(smart gride)의 코리아 테크를
전수할 수 있는 교재를 제공한다.

- 스마트그리드 기술개발과 구축 로드맵 과정
- 스마트그리드 구현 기술인 전력선통신(PLC) 적용기술과 표준
  화 기술 제공
- 스마트그리드의 분산전원 연계시스템 교재 등등

둘, 한국 정부가 전 세계적으로 인정을 받고 있는 전자정부 구축과 운영을 교재로 편성해 커리큘럼으로 활용하는 일이다. 앞에서는 히티스테를 위한 고용·취업종합정보 서비스로만 국한해서 소개했지만 전자정부 메뉴를 다양화시킨 여러 가지 아이템을 교재로 묶어 커리큘럼으로 제공하는 일을 지칭한다.

- 문서처리 전 과정의 전자화 교재
- 인사행정 정보전산화 교재
- 국가재정 종합 정보화 교재
- 인구통계 매뉴얼 교재 등등

셋, 중동지역에서 경쟁적으로 도입을 서두르고 있는 원자력발전용 커리큘럼은 시의적절한 아이템이 된다.

- 원전 제어시스템(MMS) 교재
- 핵융합에너지 발전 로드맵 교재
- 원자로 냉각재펌프(RCP) 교재
- 원자력발전소 방사성폐기물 관리 시스템 등등

이를 통해 한국의 원전 수주에서 경쟁관계인 프랑스와 일본이 생각하지 못한 부문까지 챙겨서 우선적으로 제안하는 일을 포함시키면 된다. 경쟁관계 국가보다 한 발이 아닌 반 발만 앞선 커리큘럼은 관계 국가 공무원에게 입소문으로 퍼지는 효과로 이어질 공산이 크다.

양질의 교육을 원하는 히티스테들에게 그들의 성취욕을 채워주는 지름길이 확실하기 때문이다.

◆ 코리아 배싱(Korea bashing)에서 코리아 피버(Korea fever)로 가는 길

중동지역에서 문화외교의 중요성은 아랍인들이 으뜸으로 치는 정체성 인정이다. 너무나 많은 외세의 피해와 오랜 왕정(王政)과 독재자 통치에 따른 부패에 의해 목소리를 낼 수 없는 태생적 관습으로부터 정체성 회복을 기대하기 시작했다. 이번 재스민 혁명의 도화선은 바로 이런 아랍인들에게 태부족인 정체성 미완에 따른 민주화 요구다. 왜냐하면 아랍 세계는 언와와 종교가 같기 때문에 동질성은 이미 확보되었다. 이를 통해 그들은 사막이라는 지리적 구조에 서로 익숙한 결과, 베두인의 융합을 이루어 냈다. 다만 자신에게 내재된 자기 철학과 자신의 능력을 드러내는 개개인의 개성 합리화를 통해 완성시킬 것을 희망하고 있다.

그들은 이를 아랍의 정체성으로 인지했다. 교육을 통해 잘 알고 있기 때문에 이를 제시하거나 제공하면 그들은 먼저 스스로 가슴을 여는 단초가 된다. 따라서 해외 플랜트 수주와 플랜트 완공이 끝나면 그냥 떠나는 것에서 코리아 배싱이 생겨나고 있지만 그들이 오매불망(寤寐不忘) 요구하는 정체성 인정으로 코리아 피버를 완성하는 지름길이 된다. 여기서 한 치의 소홀함이 보여서는 안 될 것이라고 주문하지는 않겠지만 이를 간과하는 일만은 체크리스트로 삼으면 된다.

거창한 구호나 한류 열풍의 복원에 앞서 큰 것을 얻어내기 위해서는 더 주는 것에 익숙한 문화외교가 절실해지고 있다. 어려운 사자성

어를 빌려 쓰자면 '소탐대실(小貪大失)'의 의미를 곱씹어 보면 어느 정도 이해가 될 수 있을 것이다.

3. 변수가 많은 시장외교의 함정

정치가 생물이라면 시장은 거래다. 그냥 거래가 아니라 나와 너, 기업과 소비자, 국가와 외교 대상국과의 거래에서 시장의 원리는 작동한다. 이 연결고리는 시장(市場)의 거래(去來)로서 시장외교 마케팅(diplomacy for market)으로 정리된다. 앞에서 언급한 정치외교(political and diplomacy)와 문화외교(cultual diplomacy)를 구성하는 차원에서 외교 마케팅은 한 자리를 차지하게 된다. 시장외교가 없는 코리아 마케팅은 작동할 수 없기 때문이다. 거래만이 존재하는 시장에서 외교 마케팅은 오래전부터 코리아 마케팅을 형성한 화두였다.

시장을 움직이는 매개체가 생물처럼 작동하는 과정에서도 거래 기술이 필요하듯이 시장외교는 중동지역 시장에서 시장 확보를 위한 전술적 가치가 매우 크다. 실제 중동지역 시장외교에서 통용되는 가치관이 우리와 다르게 적용되는 경우를 생각하면 그게 또 그들만의 정체성이 된다. 예컨대 이슬람에서 돼지고기를 금하는 이유는 그것이 열사의 풍토에서 가장 쉽게 부패하기 때문에 식중독 예방을 위한 의학적 처방과 관점으로 파악하고 있음을 알아야 한다. 일부다처의 풍속조차 전쟁에 나가 남자들이 많이 죽어버렸으니 비상수단을 통해 인류애(人類愛)를 실천하는 갸륵한 행의로 보아야 한다. 비록 우리에게 몹시 낯설지만 그들의 판단과 행위를 비난만 할 수 없는 일면이 과학적인 진실이 되어 거기에 감추어져 있다. 진정한 시장외교의 벤치마킹 사례는 동양과 중동이 건너뛰어 유럽의 강소국 스위스에서 찾을 수 있다.

◆ 시장외교의 모범기업 네슬레

우리가 흔히 마시는 일회용 커피의 세계 최대 메이커는 스위스에 본사를 둔 다국적 기업 네슬레(Nestle)이다. 네슬레는 이미 143년 전인 1868년부터 적극적인 시장외교 개념에서 해외시장 진출을 시도했다. 1938년부터는 세계 각국에서 가장 유명한 식품 및 음료회사를 인수하기 시작했다. 네슬레는 이러한 글로벌 전략을 실행하기 위해 다른 어떤 다국적 기업보다 다국적화한 인력을 확보하는 데 시장외교의 모범이 되었다.

30만 명이 넘는 직원들 중에서 스위스 국적을 가지고 있는 인력은 불과 3% 수준이다. 또 스위스 본사에 근무하는 1,600명에 달하는 임직원의 국적을 모두 합하면 70개 국가가 넘는다. 네슬레의 시장외교의 본질과 마케팅 전략은 그래서 남다르다. 철저한 현지화(localization)의 실천에서 비롯되고 있기에 그렇다. 특히 이 메이커가 보유한 브랜드가 7,500개가 넘지만 그 가운데 90% 이상은 대부분 1개 혹은 2개의 국가에서만 사용되고 있다. 전 세계 시장에서 통용되고 있는 브랜드는 겨우 10여 개에 불과할 뿐이다.

네슬레는 해외 시장에서 국내 제품을 어떻게 판매할 것인가를 생각하기 전에 누가 어느 나라에서 만든 제품이든 현지 시장에서 가장 잘 팔릴 상품을 기획해 내는 발상의 전환부터 챙기고 있다. 시장외교에는 항상 변수가 작동하기 때문에 함정(陷穽)의 매몰을 피하기 위한 조치일 수 있다. 이를테면 중동에서는 한국제품을 판매하기 위해 노력하는 것이 아니라 글로벌 소싱을 통해 중동지역 소비자가 가장 선호하는 제품을 만들어 중동지역 브랜드를 붙여 판매하는 전략을 펴고 있다. 여기에 더할 것은 사회적 인프라다. 세계 최고 네슬레의 경쟁력은 기업뿐 아니라 정부와 교육기관, 그리고 사회기반 질서에서 나오고 있다. 그래서 네슬레는 시장외교에서 후한 점수를 받게 되었다.

한국의 홍삼 메이커 한국인삼공사는 8년간의 고군분투 끝에 중동에서 한국 홍삼을 팔게 되었다. 2009년 8월의 일이다. 이 회사는 2001년부터 중동지역에 자사 제품인 '정관장'을 판매하기 위해 핵심역량을 모았다. 그 결과 사우디아라비아 정부의 보건부로부터 우수의약품 및 건강식품 제조시설(GMP) 인증을 받았다. 사우디아라비아에서 이름난 무역업체인 알무타와 그룹의 슐레이만 알무타와 회장은 누구 못지않게 이번 GMP 인증을 받는 것을 반겼다. 그는 인증을 받은 이후 한국인삼공사와 2012년까지 2,000억 달러어치의 홍삼 제품을 수입하기로 계약을 체결했다. 이때 그의 멘트는 곧 시장외교의 극치였다.

"2000년 의류수입을 위해 한국을 처음 찾았을 때 한국인 친구가 홍삼진액을 선물했어요. 당시 당뇨로 고생하시던 어머님께 드렸어요. 그걸 복용하고 건강이 눈에 띄게 좋아지셨지요. 5년 후 이승을 등졌지만 홍삼을 사우디아라비아 전역에 알려서 병으로 고통을 받는 환자에게 도움을 주라고요. 그래서 우리는 중동의약품 등록 컨

설턴트를 한국인삼공사에 보내 인증 준비에 힘을 보탰거든요. 물론 돈도 벌고요.”

후문이지만 사우디아라비아에서는 인삼과 홍삼을 식품이 아닌 의약품으로 분류하고 있어 GMP 인증은 꿈도 꿀 수 없었다. 더욱이 홍삼을 캡슐 형태로 만드는 의약품 제조시설과 달리 진액으로 추출하는 시설의 등록은 중동지역에서 전례가 없어 한국인삼공사는 더 애를 먹었다. 중동인들은 무더운 기후와 식관습 때문에 당뇨와 고혈압 등 성인병에 시달리고 있다. 날씨가 더우니 운동을 거의 하지 않고 음식도 유제품을 주로 먹기 때문이다. 최근 홍삼에 간을 보호하는 효능이 높다는 보고서를 이집트국립연구소가 밝혀 화제가 된 것은 그 다음 일이다.

◆ 최적의 중동지역 시장외교는 클릭과 프로덕트로

이번 중동지역에 들불처럼 번진 재스민 혁명에서 ‘TGiF 시대’를 실감시켰지만 그래도 중동시장은 클릭(인터넷)과 홍삼과 같은 프로덕트(생산품)가 조합된 제품을 선호하고 있다. 가능하면 이 두 가지 아이템이 융합된 제품으로 국제기구가 공인된 상품은 날개를 달 수 있다. 다만 이게 말처럼 쉽지 않다는 데 문제가 도사리고 있다. 목하 유행 중인 텔레비전 광고의 커머셜이 여기에도 그대로 통한다.

“남자에게는 정말 좋은데 어떻게 알려야 할지 알 수가 없다.”

4. 케이스 스터디가 주목한 아프리카 우먼파워

먼저 동의부터 구한다. 맞아도 좋고 안 맞아도 좋지만 긍정(肯定)의 동의(同意)를 받아야만 중동지역에서 회자되고 있는 외교 마케팅의 본 말에 일체를 얻어낼 수 있어서다. 중동지역 시장에서 기업의 마케팅 목표가 브랜드 파워를 심어야 하듯이 광의의 소비자 개인에게서 '피플 파워(people power)'가 생기는 첫 단계는 뭐든 그려 넣을 수 있는 백지에서 자신을 투영(또는 희생)시킬 수 있어야 주목을 받기 때문이다.

무엇을 바라고, 무엇을 기대하고, 무엇을 찾아야 하는지 전제조건이 붙지 않는 백지상태에서 그려 놓는 그림에 따라 평가의 의미는 지대하다. 특히 고국의 형제와 친구와 마을을 떠나 멀리 이국에서 일군 희생정신은 해 보지 않은 사람들에게는 편하게 거실에 앉아 아프리카를 무대로 한 '동물의 세계'를 보는 것과 별반 다르지 않다. 그냥 아프리카가 아닌 최빈국 아프리카 오지를 무대로 우먼파워의 주인공에다 코리아 마케팅의 주연 여배우로서 정치·문화·시장을 아우르는 외교의 달인에 등극되어서 결국 케이스 스터디는 아프리카를 닮은 진한 황토색이 된다. 이미 선과 색이 가득한 도화지에 제대로 된 그림이 그려지고 있어서 나는 주저 없이 소개의 글로 둔갑시키고 있다.

◆ 아프리카 오지(奧地) 말라위 릴롱궤의 시스터 백

한국판 아프리카 성자로 남아공에서 축구아카데미를 운영하는 임흥세 씨는 남아공의 스타다. 남아공 슬럼가(街)를 무대로 아이들 상대로 무명 축구단을 운영하고 있다. 아이들은 아침도 못 먹고 운동장에 나와, 허기가 지면 배를 채우기 위해 물을 마신다. 그런 아이들에게 '호프 사커'를 외쳤다. 직역하면 '축구에서 희망' 정도이다. 그렇게 가난해도 흑인 특유의 스피드와 유연성, 천부적인 골 감각을 통해 제2의 아데바요르(아스날)라든가 제2의 드로그바(첼시)를 기대하면서 비지땀을 흘리고 있다.

임홍세 축구 감독이 아프리카 남아공에서 미래 축구선수를 양성하고 있다면 사하라사막 이남의 오지 말라위에서 아프리카 환자들의 백의천사로서 코리아 마케팅을 펼친 간호사가 백영심(49세) 씨다.

◆ 말라위의 나이팅게일

한국 언론매체에 크게 소개된 대로 백영심 씨(이하 시스터 백)는 제주도 출신이다. 제주여고와 제주간호대를 졸업하고 1984년부터 고려대학교 부속병원에서 내과 간호사로 일했다. 하지만 더 어려운 환자를 위해 일하고 싶었던 시스터 백은 한국의 큰 병원에 머물지 못했다. 문화외교(정확하게는 의료선교)에 나서기로 작정하고 1990년 28세의 나이에 아프리카 케냐에 간다.

케냐 마사이 부족에서 소똥으로 병원을 짓고 문화외교를 펼치던 그는 1994년 다시 케냐보다 의료 환경이 더 열악한 말라위 치무왈라를 택했다. 주민 500명이 살고 있던 치무왈라에 도착한 시스터 백이 맨 먼저 시작한 일은 현지인의 도움을 받아 30평짜리 병원을 짓는 일이었다. 넉넉한 자금으로 병원을 짓는 게 아니라 빈자의 성녀처럼 옥수수가루로 밥을 지어먹었고 고향이 생각 날 때는 쌀밥을 지어먹었다. 치무왈라에 병을 고쳐주는 시스터 백이 있다는 입소문이 나자 환자의 방문은 기하급수로 늘어났다. 빈약한 시설과 부족한 약품으로 운영이 어려웠으나 홍민희 을지대 교수와 정유근 대양상선 회장의 도움으로 2008년 2월 33억 원이 기부되어 '대양누가병원'이 말라위 릴롱궤에 완공될 수 있었다. 완공식에는 무타리카 대통령이 참석해 감사의 뜻을 전했다. 80병상으로 시작한 이 병원은 이제 200병상으로 증축되었다.

이를 보도한 신문매체는 시스터 백의 휴먼 스토리를 이렇게 정리하고 있었다.

"개원 첫날 이 병원에는 346명의 환자가 몰렸고, 2009년 한 해 1,333명의 신생아가 태어났다. 현지인들은 이 병원을 무료로 이용할 수 있다. 병원 취지를 들은 일본 NGO는 CT촬영기를 기증했고, 한국 정부는 한국국제협력단을 통해 초음파 의료장비를 주었다. 대만·노르웨이·스코틀랜드 등 여러 나라 NGO 단체도 병원에 힘을 보탰다. 대우상선에서는 지금도 한 달에 최소 1억 원 이상을 지원한다. 2010년 10월에는 병원 옆에 간호대학도 세웠다."(＜조선일보＞ 2011. 2. 26일자 참조)

◆ 코리아 마케팅의 지평 열기

긍정의 동의를 일체화시키려면 시스터 백처럼 코리아 신화가 많아야 한다. 그러나 현실적으로 많지 않다. 돈에 우선하여 열정과 사명감이 투영된 자기희생이 뒷받침되어야 하기 때문에 그렇다. 그렇다고 해도 코리아 마케팅이 주는 휴먼 드라마가 중동지역 히티스테의 누선(淚腺)을 자극시켜 일자리 기회 제공뿐 아니라 자기 성취욕을 달성시키기 위한 길라잡이로서의 시스터 백의 희생은 그 어떤 메시지에 우선한다. 따라서 중동지역에 통하는 코리아 마케팅의 지평을 여는 차원에서 시스터 백을 다큐멘터리로 집대성시키는 일은 한 대안이 된다. 가능하면 중동지역에 진출한 한국기업이나 한국에 진출한 중동기업을 스폰서로 섭외해 '통큰 두부'처럼 한국인 식탁이 아닌 아랍 세계인의 식탁에 올려서 우먼파워를 제안하는 일이다. 영화화된 '울지 마, 톤즈'를 보고 '수단의 슈바이처'로 불렸던 고(故) 이태석 신부의 휴먼드라마를 아랍 세계의 시각으로 제작해 아랍 미디어를 통해 이를 방송하는 일을 미처 생각하지 못한 내 불찰(?)에 죄인처럼 고개를 숙였던 한때가 있었다. 그래서 시스터 백의 희생과 성공 스토리를 더 가깝게 느끼게 되었는지 모른다. 지금은 이것도 가능한 여건이 갖추어지고 있어서 더욱 안타까움이 깊어 간다.

PART 5

업그레이드 코리아를 넘어
엑설런트 미들이스트로

▶ ▶ ▶ 한강의 기적을 일군 코리아는 새로운 도전 앞에 서 있다. 무역규모 1조 달러 시대를 열겠다는 연초 당찬 계획은 자의 반 타의 반으로 수정이 불가피하게 되었기 때문이다. 한국을 대표하는 기업들은 연초 '코리아신화'를 다시 쓸 신(新)경영으로 세 가지로 꼽았다. 하나는 신성장동력 안착이다. 둘은 핵심 분야 세계 1위다. 셋은 브랜드 가치 극대화 등이다.

반도체와 휴대폰으로 세계 경제를 주름잡던 코리아신화는 해외 플랜트산업으로 그 빛이 더욱 빛나고 있었지만 중동지역 국가들에게 들불처럼 일고 있는 민주화 요구로 세계경제에 먹구름이 드리우기 시작하자 무역 1조 달러 시대의 기대에 비상이 걸리고 말았다. 대안은 과연 없는가? 그냥 주저앉아야 하는가? 그냥 남의 집 불구경으로 일관해야만 할까? 그렇지는 않을 것이다. 완급의 조정은 불가피하다 해도 한강의 기적을 일군 수출역군의 혼과 한과 희망이 이를 용납하지 않을 터다.

그렇다면 이게 대안일까? 이 책 제3부에 언급한 다섯 가지 코리아테크(Korea Tech)로 재무장해서 엑설런트 미들이스트를 다시 보듬어야 한다. 자고로 물이 나온 곳에 샘을 파야 한다. 이번 재스민 혁명의 실체가 드러나면서 대부분 통치권자는 부정부패의 온상으로서 자기만의 그룹을 만들기에 혈안이 되었다. 이제는 중동지역 시장의 판도가 달라지고 있다. 지금까지 서구 열강에 의해 지배된 중동지역의 각종 이권은 실익(實益)을 좇아 새롭게 전열을 다듬는 수순을 밟기 시작했다. '위기 속에 기회가 있고, 변화 속에 시장(market)이 있다'는 경제 교과서의 가르침대로 다시 뛰면 우리 편에 승산이 있을 수 있다.

제5부에서는 업그레이드 코리아를 넘어 엑설런트 미들이스트로 가야 하는 명분론과 함께 실리, 그리고 기회의 시장으로서 중동시장을 꿰차는 일에서 다시 일어서야 한다는 것을 말하고자 한다. 지금 이 시간에도 사막 밭 리비아 공사장에서 현장을 지키고 있는 79명의 한국 건설사 직원의 사명감과 굳은 의지력은 한마디로 한강의 기적을 일군 후계자로서 우리 앞에 우뚝 섰다.

8 정말 믿을게요! 그 열기

1. 지금 아라비아 *海*에 무슨 일이

2010년에서 새로운 10년은 대변혁으로 시작되고 있다. 중동지역에 불고 있는 들불처럼 번지고 있는 민주화 요구는 역사의 흐름마저 바꾸고 있는 것이 그 방증이다. 요동치는 국제유가가 이미 1배럴당 100달러로 치솟자 간신히 회복의 기미를 보이던 미국발 글로벌 금융위기를 다시 맞게 되는 형국이다. 이 역사적 변화의 진원지는 튀니지와 리비아를 지칭하는 마그레브(Maghreb: 중동 서부)와 이집트로 이어지는 마슈리크(Mashriq: 중동 동부)를 겹쳐 아라비아 *海*를 낀 중동국가를 총망라해 재스민 혁명의 열풍에 휩싸여 있다.

적어도 2011년 상반기가 넘어서야 재스민 혁명의 열풍에 대한 평가와 기록이 윤곽을 드러낼 것으로 예상된다. 여기에는 42년 통권정치를 폈던 카다피 리비아 국가원수의 광기에 대한 우려가 미완성으로 진행되고 있다. 2011년 3월 20일 유엔의 결의에 따라 서방세력이 '오디세이 새벽'을 통해 리비아에 대한 공격을 암묵적 해결로 해석하게 했다.

역사에서 '만약에'가 허용하는 범위로 미뤄 보아도 리비아 민주화 열기는 장기적인 흐름으로 치닫고 결국 부족과 부족 사이에 걸친 내전 양상으로 발전하고 있다. 카다피 정부군으로 지칭된 카다피 부족에 맞서 반정부군인 벵가지의 주와야 부족은 일진일퇴로 리비아 최대 석유수출항 브레카를 놓고 치열한 전쟁을 치르고 있다. 동시에 바레인과 예멘 등 중동국가 사이에 벌어지고 있는 종파 간 전쟁까지 가세하여 혼미는 극에 달하고 있다.

그러나 역사는 거스를 수 없는 시대적 산물이기 때문에 분명한 것은 중동지역의 신질서는 이제 새롭게 그려지게 된다. 민주화 열기에 이어 산업화 지향을 거쳐 복지화 요구 등으로 확대된 국가발전의 로드맵이 그렇게 영글게 되었다. 이게 역사적 순리이자 대접이기 때문이다.

이 역사적 흐름은 중동지역 전역으로 들불처럼 퍼져서 장기화로 치닫게 될 조짐이 간단없이 목격되고 또 확대하는 추세는 결국 종파 간 싸움으로 이어질 수 있다.

◆ 수니파와 시아파 대결에 의해 중동을 불태우는 끝없는 피의 보복

중동지역 국가들 사이에서 벌어지고 있는 민주화 열기는 차츰 종파 간 싸움으로 그 양상이 변질되고 있다. 바레인이 그렇고 예멘이 그렇다. 이를 두고 서방언론은 '종파(宗派) 분쟁(紛爭)'으로 해석을 함

께하고 있다. 실제로 이 종파 간 싸움은 2007년 4월 이라크 사태에서 이미 '피의 보복'으로 시작해 지금까지도 진행 중이다. 그렇다면 큰 틀에서 사우디의 수니파와 이란의 시아파는 어떻게 생겼고, 또 어떻게 성장했는가를 먼저 알아야 한다.

15억 명의 전 세계 무슬림 가운데 수니파는 85%를 차지하고 있고, 남은 15%는 시아파가 차지하고 있다. 두 종파의 분열과 분쟁은 632년으로 거슬러 올라간다. 올해로 1380년 전의 일이다. 예언자 무함마드가 632년 후계자를 지명하지 않고 이승을 떠나면서 불씨가 생겼고. 후계자를 둘러싸고 갈등이 촉발된 것이다. 일부 추종자들은 혈족이 물려받아야 한다고 주장했다. 무함마드의 사위이자 딸 파티마의 남편인 알리 이분 아비 탈리브(Ali)를 이들은 지지했다. 하지만 사우디아라비아 성지인 메디나 공동체 다수는 무함마드 친구인 아부 바크르(Bakr)를 지지했다. 결국 그가 초대 칼리프가 되었다. 대신 알리는 4대 칼리프가 되었다.

시아파의 출현은 카르발라 참극에서 비롯되었다. 5대 칼리프인 무아위야는 자신의 아들(야지드)을 후계자로 임명하기 전에 전례 없는 조치를 취했다. 당시까지 칼리프는 공동체에서 선출했었지만 이때 반대에 앞장선 인물이 알리의 차남 후세인이었다. 후세인은 680년 야지드가 칼리프가 되자 추종자들이 있던 쿠파로 향했다. 이에 야지드는 부하를 시켜 쿠파로 향하던 후세인을 카르발라(현 이라크)에서 살해하고 목을 자른다. 카르발라 참극으로 알리의 추종세력은 하나로 집결되는 역사적 사건으로 점철된다. 이를 통해 '시아파'라는 별도의 신앙체계를 형성하는 출발점이 되었다.

이에 카르발라는 시아파에게 메카보다 더 중요한 성지가 되었고,

시아파는 결국 이란에서 종주국으로 오늘에 이른다. 물론 사우디아라
비아는 성지 메카에서 중흥해서 수니파의 종주국으로 대접받고 있다.

◆ 지중해와 인도양을 오가는 대형 유조선의 길목 지부티 재부상

또 역사는 흘러가고 있어서 다시 지도를 펴 보자. 세계 경제를 주
무르고 요리하는 오일파워의 지도는 마그레브로 지칭되는 리비아 트
리폴리 유전지대에서 출발한 대형 유조선은 홍해의 수에즈 운하를
거쳐 아덴 灣을 지나 아라비아 海로 빠진다. 그러나 대부분의 대형 유
조선은 세계 최대 산유국인 사우디아라비아와 이란의 정유단지에서
기름을 싣고 나와 호르무즈 해협을 통과해 인도양 또는 역으로 수에
즈운하를 거쳐 다시 지중해로 나가게 된다. 이처럼 대형 유조선의 항
로에 위치한 지부티(Djibouti)가 최근까지 숨소리 없이 지내다가 재스
민 혁명에 동참하자 전 세계인을 놀라게 했다.

지부티는 인구 86만 명, 한반도의 1/10 크기인 이슬람국가에 속한
다. 이 지부티의 수도 근처 레모니에르(Lemonnier)에는 미군기지가
있어 1,700명의 미군이 주둔하고 있다. 예부터 '아프리카 뿔(Horn of
Africa)'로 불리던 지부티를 지난 2월 24일 마이클 멀린 미(美) 합참의
장이 중동 · 북아프리카 6개국을 순방길에 방문해 레모니에르를 찾았
다. 리비아 사태와 연관을 짓는 시각도 있지만 미국의 군사적 측면상
향후 아라비아 海 끼고 있는 걸프협력회의(GCC) 6개국의 향배에 따
라 후방기지로서 중대성을 재발견한 방문길로 보고 있다.

리비아 수도 프리폴리를 일직선으로 보고 있는 이탈리아 나폴리에
는 병력 2만 1,000명 규모의 미국 해군 6함대 사령부가 있지만 원유

를 실어 나르는 유조선에 대한 보호를 통해 중동지역의 안보를 위한 전략적 요충지로서 지부티를 활용할 가치가 크다는 점에 주목하고 있는 것이다. 군사작전에서 협공으로 적을 제압하는 일은 최상의 군사전략이듯이, 근거리에 있는 이란과 아프가니스탄, 이라크와 사우디아라비아 보호를 겸한 다목적 카드로의 활용마저 점쳐진다. 물론 고공 행진하는 국제유가를 진정시키는 데서 미국의 역할을 통한 중동 국가와의 밀월을 기대하는 것도 포함된다.

◆ 민주화 열기는 지부티로

그러나 역사의 흐름은 지부티를 비켜가지 않고 있다. 지부티의 민주화 동참을 깊이 들여다보면 역시 청년실업문제와 같은 고리를 형성하고 있다. 2월 18일부터 대학생들을 중심으로 수천 명이 거리 집회에 나섰다. 이들은 1999년 집권한 이스마일 오마르 겔레(Guelleh) 대통령이 세 번째로 대선에 출마하기 위해 헌법을 개정하려 하는 것에 항의하며 정권 교체를 요구하기 시작했다. 여당인 진보인민연합(RPP)의 일당체제와 다름이 없는 정치현실에 대한 비판도 거셌다. 시위대는 40%가 넘는 청년실업률 등 경제개혁에 대해서도 목소리를 높이고 있다.

그러나 미국은 공개적으로 지부티 상황에 대해 언급은 없다. 겔레 대통령의 친미(親美) 성향을 존중한 관계다. 1977년 프랑스로부터 독립한 지부티와 우호관계를 돈독하게 이루었던 미국이기에 9 · 11테러 이후 지부티의 공항과 항구를 군사기지로 이용했다. 이러한 지부티가 중동지역의 민주화 열기의 후폭풍으로 요동치자 미국은 지부티를 달래는 쪽으로 가닥을 잡고 있다. 우선적으로 지근의 위치에 있는 이집트를 고려해야 하고 사우디를 지켜야 하고 수에즈 운하를 생각하지 않을 수 없게 되었다. 미국 대(對) 중동지역 전략의 수정이 불가피하지만 당장 리비아가 발목을 잡고 있다. 그동안 이라크에 쏟아부었던 전비까지 생각하면 오바마 행정부의 고민은 이만저만이 아니다. 여기다가 이란과 아프가니스탄의 장래는 또 어떻고. 그렇다고 섣부르게 리비아에 군사력을 동원하기에는 국제 여론이 만만치 않기 때문에 세계 경찰을 자임한 미국으로서는 고민만 깊어지게 되었다.

◆ 반사이익은 중국으로

큰 문제는 이란 경제에서 중국이 미국 대신 경제의 과실을 따먹고 있다는 점이다. 중국과 이란의 교역 규모가 지난 10년간 12배 가까이 증가해 미국의 이란 제재의 최대 수혜자가 되고 있다. 홍콩의 사우스차이나모닝포스트(SCMP)는 중국 해관(세관) 자료를 인용해 "2000년 25억 달러에 불과했던 중국과 이란의 교역 규모가 2010년 298억 달러로 크게 늘었다"고 보도했다. 지난해 중국의 대 이란 수출은 111억 달러이고 수입은 182억 달러이지만 대부분 원유 수입에 지불하는 금액으로 채워졌다.

최근 중국해양석유공사(CNOOC)는 서방의 거대 석유회사들이 이란에서 철수한 지난 2009년, 이란의 석유 가스 회사인 파르스와 북파르스 지역 유전지대의 공동개발에 착수했다. 중국 차기 총리 후보로 유력시 되고 있는 리커창(李克强) 부총리는 2010년 8월 중국을 방문한 마수드 미르카제미 이란 석유장관과 가진 회담에서 "복잡하고 급변하는 세계 정세에도 불구하고 양국의 우호협력 관계를 더욱 공고히 해낼 것이다"라고 밝혔다.

이래저래 중동지역에서의 미국의 고민은 하나가 아닌 여러 가지로 드러나고 있어 미국의 향배가 어떻게 나올 것인가에 대한 내용을 관점 포인트로 삼을 필요가 매우 절실해지고 있다. 아라비아灣이 요동치면 국제유가가 뛰고 세계의 화약고인 중동사태가 활화산이 되는 일은 시간문제일 뿐이다. 따라서 향후 세계경제의 신질서를 밝게 또는 암울하게 만드는 원인 제공은 평화적인 중동문제 해결에 따라 좌우됨이 현대사가 안고 있는 숙명적인 딜레마다.

〈도표 8-1〉 시아파 지도

2. 위기야, 고맙다!

최근 중동지역에 불고 있는 민주화 요구는 두 가지 측면에서 불어 닥친 위기다. 하나는 고유가 행진에 따른 세계경제의 주름살이고, 다른 하나는 들불의 전염(傳染)이다. 이것은 레바논과 오만의 시위가 튀니지의 후속편이라고 보는 이유다.

이들 나라를 포함한 이집트와 알제리 등에서 히티스테들은 경제성장의 혜택에서 소외되었다. 그들은 좋은 대학을 졸업해도 거의 취직하지 못하고 있다. 기존 경제 엘리트들이 각종 규제와 장벽으로 기득권을 유지했을 뿐이다. 한국과 일본을 빼다 박은 닮은꼴이 중동지역에서 재연되고 있는 것이다. 그러니 기업가 정신이 죽고 투자가 줄어 일자리 창출과 일자리 기회 제공은 공염불이나 진배없다.

사우디와 쿠웨이트 국민도 비슷한 처지다. 대학을 나와도 변변한 일자리는 그림에 떡이다. 국제 자원가격 상승에 따른 혜택을 거의 누리지 못하고 있다. 사우디와 쿠웨이트의 권력자들은 자국민에게 대학교육을 공짜로 시켜주고 주택도 거저 준다. 일자리가 없는 사람에게는 생활비를 대주고 있다. 그래서 청년실업자에게는 일자리 확보를 통한 성취욕이 중요하고 동시에 시위의 유혹을 잠재우는 제어능력을 기대할 수 있다는 제안에 힘이 붙고 있다.

◆ 중동판 마셜플랜이 나온다

이러한 청년실업자 문제해결과 기회제공을 염두에 둔 GCC 권역 6개국 재무장관이 사우디 리야드에 모였다. 2011년 3월 12일의 일이다.

우선 발등에 떨어진 자국의 민주화 요구를 잠재우기 위해서는 중동 지역에 퍼지고 있는 민주전염(民主傳染)을 잠재우고 이어서 청년실업자 해결에 공동대처할 목적에 대한 대책 모임이다. 아랍 세계에서는 공통적으로 이웃 나라의 지지나 도움은 별로였다. 그동안 남의 집 불구경으로 치부해 온 것도 사실이다. 하지만 이번만은 예외였다. 신속하고 적절하게 대응책을 내놓고 있다. 이를 두고 서방 언론은 '위기야! 고맙다'로 헤드라인을 달기 시작했다. 부제로는 '이례적인 신속한 대응책을 내놓은 산유국의 속셈'을 붙여서. 이 부제가 내포하듯 최근 이들 산유국의 신속한 대응책 내용은 발등에 떨어진 자구책일 것이고, 동시에 산유국의 진로를 숨기지 않고 드러낸 것으로 해석된다.

크게 두 가지 해석의 유추가 가능하다. 하나는 리비아 내전 사태로 인한 국제유가가 급등하자 사우디는 정말 신속하게 OPEC의 입을 빌려 증산을 단행해 국제유가를 진정시켰다. 전에는 찾아볼 수 없는 기민성의 발로였다. 다른 하나는 같은 시기에 이란 군함 2척이 수에즈 운하를 통과해서 시리아로 직행한 데 대한 침묵이었다. 이란 군함의 수에즈 운하 통과는 30여 년간 이란을 경계하고, 친이스라엘 행보를 보여 왔던 호스니 무바라크 전 이집트 대통령이 퇴진하고 무바라크 권력을 이양받은 군부가 승인해준 결과에 의해 가능했다. 수에즈 운하를 통과한 이란 군함의 시리아행(行)은 군사적으로도 이스라엘과 그 동맹국인 미국을 직접 겨냥하겠다는 신호로 읽힌다.

이란과 시리아는 그동안 이스라엘을 괴롭혀 온 레바논의 무장정파 헤즈볼라에 무기를 공급한다는 의혹을 받아온 터다. 더군다나 시리아는 이스라엘과 국경을 맞대고 있어 이스라엘 입장에서는 이란과 시리아, 시리아와 헤즈볼라에 포위되는 형국이나 마찬가지다. 이러한

침묵 속에서 실제 수에즈 운하를 통해 배달되는 원유량은 하루 200만~
300만 배럴 수준이다. 세계가 하루 소비하는 원유는 8,800만 배럴 정
도다. 세계 석유정제의 비율에서 리비아가 차지하는 비중이 2% 수준
이기 때문에 수에즈 운하가 봉쇄되더라도 다른 루트로 그 정도는 아
주 신속하게 보충할 수 있음을 간파한 것이다. 이를 증명하듯 모신
칸 전 IMF 중동담당 이사의 진단과 일치하고 있고 부연설명을 잊지
않고 보탰다.

대신 중동 산유국 옵서버들은 사실과 다른 오보나 정보제공을 걱
정하고 있다. 예를 들면 3월 1일 사우디아라비아 탱크가 바레인에 진
입했다는 뉴스가 흐르자 국제유가는 다시 한 번 요동을 쳤다. 실상은
사우디와 바레인을 잇는 25km 도로에 탱크 두 대씩 실은 운송차량은
바레인이 쿠웨이트 독립기념일 축하행사에 동원되었다가 복귀하는
바레인 탱크로 사우디와는 무관한 것으로 밝혀졌다.

◆ 오일머니로 오만과 바레인 구하기

석유 매장량이 적은 오만과 바레인은 아라비아 海 국가 가운데 가
장 가난한 국가들이다. 이 두 나라의 GDP를 합쳐 보았자 사우디의
15% 수준에 불과하다. 오만은 정확한 통계조차 나오지 않는 높은 실
업률이 문제이고, 바레인은 GDP의 139%에 달하는 외채 문제가 골칫
거리였다. 최근 반정부 시위는 이처럼 국가경제를 황폐화시킨 왕정에
대한 분노로 촉발되었다. 중동판 마셜플랜은 1950년대 미국에서 실시
한 마셜플랜과 동질성을 갖고 있다. 제2차 세계대전 이후 미국은 황
폐화된 서유럽을 살리기 위해 130억 달러에 달하는 경제적 지원이 담

긴 마셜플랜을 내놓았다. 겉으로는 인도적 지원을 표방했지만 실제로
는 유럽 공산화를 막고 미국 영향력을 확대하기 위한 술책과 비슷했
다. 이번 산유국의 지원도 따지고 보면 이와 유사하다. 가난한 나라를
도와주겠다는 의도이지만 실제로는 자국으로 반정부 시위가 확산되
는 것을 막기 위해서다. 그래서 역사는 반복되고 그렇게 진행됨을 가
르치고 있다.

3. 히티스테가 여는 시장

이집트 9.6%, 튀니지 14%, 모로코 9.8%, 리비아 30%, 예멘 35%, 사
우디아라비아 10.3%, 요르단 13.4%, 오만 통계 무.

최근 중동지역에 불고 있는 히티스테의 민주화 요구로 정권의 존
립을 위협하고 있는 청년실업률에 대한 통계수치다. 카브스 빈 사이
드 알 사이드 국왕이 41년째 통치하고 있는 오만은 그런대로 국가적
인 통치술이 먹혀 들어갔었지만 물가급등과 통계를 내놓지 못할 정
도로 위험 수위에 오른 청년실업자 문제가 결국 반정부 시위대를 형
성하고 있다.

앞에서 여러 차례 언급하고 있었듯이 히티스테는 아랍어로 '담벼
락'을 일컫는다. 고등교육은 받았지만 기성세대의 군림과 규제로 일
자리를 얻지 못해 담벼락에 기대 내일을 기약하는 젊은 청년층에 대
한 연민과 미래를 걱정하는 의미에서 붙은 이름이다. 오죽하면 중동
지역 청소년에게 이러한 닉네임이 붙게 되었을까? 이렇게 대접해도
좋을까?

이집트 청년층 경우 그 도가 넘고 있다. 카이로 명문대학을 나와도 취업이 되지 않아 인근 산유국에 단순 노동자로 일하는 경우가 많다. 이에 미치지 못하면 문방구 점원이라든가 주유소 아르바이트라든가 슈퍼마켓 점원 등으로 종사하고 있다. 청년층 실업대책은 생각하는 것보다 훨씬 심각하다. 그래도 우리는 이들을 가슴에 보듬고 가꾸어서 중동의 미래 시장을 함께 다져나가는 일에서 국가경쟁력을 키워 나가야 한다.

왜냐하면 이들은 읽고, 공감하고, 미래의 꿈을 잊지 않는 로망을 소중하게 키우는 데 지대한 영향력을 주는 문학작품을 가슴에 품고 산다. 앨런 페이튼의 소설『울어라, 사랑하는 조국이여』에서 위안과 미래를 함께 느끼면서 지금은 인내하고 있다.

◆ 울어라, 사랑하는 조국이여

남아프리카공화국 최초로 세계적인 명성을 얻고 있다고 평가를 받은 앨런 페이튼의 소설『울어라, 사랑하는 조국이여(Cry, The Beloved Country)』는 억압과 착취의 땅 남아공에서 태어나 평생 조국을 사랑하는 한 신부의 이야기를 다룬 작품이다. 조국(祖國)이 무엇이기에 조국더러 울라는 말일까? 페이튼이 말하는 조국은 두말 할 것이 없이 민초들이다.

그는 남아공 동족을 향해 울기를 요구한 것이다. 조국을 위해 울 수 있는 민초들이 있는 나라는 칠흑 같은 암흑 속에서도 기필코 일어날 수 있다. 1948년 이 소설이 출판 당시에는 30세의 넬슨 만델라를 비롯해 조국을 위해 울던 수많은 청년들이 있었다. 그로부터 60여 년

이 흐르고서 그의 조국 남아공은 '2010년 남아공 월드컵'을 성공적으로 치른 나라로 등극되었다. 그래서 단 한 번이라도 사랑하는 조국을 위해 울어본 사람은 자신의 사익을 위해 공익을 해치지 않는다. 단한 번이라도 조국을 위해 울어본 사람은 자신이 속한 정치 혹은 이념 단체가 아니더라도 권력을 사유화하지 않는다. 단 한 번이라도 조국을 위해 울어본 사람은 조국을 사랑하는 것이 그 속에서 살아갈 자신과 자신의 후손의 삶을 존중하는 최선의 길임을 잘 안다. 단 한 번이라도 조국을 위해 울어본 히티스테들은 희망의 끈을 놓지 않고 지금의 슬픔을 인내하는 데 달인이 되고 있다. 이를 어찌 외면해 미래 중동시장의 동업자를 잃을 수 있을까?

◆ 한국에서 대학은 선택이 아닌 필수

이러한 청년실업자 문제가 어디 중동지역 국가들에 국한된 이야기일까? 업그레이드 코리아를 넘어 엑셀런트 미들이스트(Middle East)로 등극하기 위해서는 한국에서도 문제의 해결이 시급하다.

한국에서 대학 졸업장은 '선택'이 아닌 '필수'가 되어 버렸다. 대학을 나오지 않고 성공신화를 일궜다는 사람들의 이야기는 사라진 지오래다. 이러다 보니 실력이나 형편에 상관없이 대학교육을 받겠다는 수요만 늘어나고 있다. 최근 교과부가 발표한 자료에 따르면 1980년 96개였던 4년제 대학이 2010년에는 222개로 늘어났다. 41만 2,404명(1980년)이던 대학생 수는 같은 기간에 255만 5,016명으로 6배 넘게 늘어났다. 한국 정부의 교육예산은 GDP의 0.6% 선으로 OECD 회원국 평균인 1.1%의 절반 수준에 그치고 있다. 반면 대학등록금은 한국이 미국 다음으로 두 번째로 높다. 이러한 수치가 문제가 아니라 한국 청년실업의 근본적 문제는 대학 졸업 후인 것으로 지적되고 있다.

지난해 국감 자료에 따르면 대학생 신용불량자는 2만 6,000여 명에 이른다. 통계가 잡힌 2007년 3,785명이 이제는 7배로 증가했다. 이를 시정하기 위해 한국 정부는 '취업 후 학자금 상환제(ICL)'까지 도입했으나 취업이 안 돼도 계속 이자가 붙는 문제 때문에 당초 정부가 추산했던 100만 명의 20% 수준인 23만 명만 이용하는 실적에 그쳤다.

◆ 일본 20대도 일자리 걱정

하지만 위안이 되는 것은 이 청년실업자 문제는 중동국가의 히티스테나 한국의 대학생 실업에 그치지 않고 전 세계적이라는 점이다. 이웃 나라 일본도 마찬가지다. 경우에 따라서는 한국을 앞지르고 있다. 지방 출신의 대학생들은 대도시에서 취업이 되지 않아 도심의 카페 등에서 아르바이트를 하고 숙식은 PC방에서 해결하는 이른바 '네트카페 난민'이 급증하고 있다.

2009년 일본 후생노동성 조사에 의하면 네트카페 난민 가운데 20대 젊은 층 비율이 26.5%로 가장 높다. 마땅한 일자리를 얻지 못했거나 파트타임 일자리를 얻는 젊은이들이 미래를 포기한 채 도시 난민으로 전락하고 있는 셈이다. 일본 내각부가 청년실업대책에 적극 나서면서부터 2005~2007년 소폭 감소세를 보였지만 글로벌 금융위기 이후에는 급증세로 반전되었다. 우울증 환자도 지난 10년 동안 2.5배로 늘어나며 사상 처음으로 100만 명을 돌파했다. 이 가운데 사회적응이 실패한 20·30대 젊은 층 증가 속도가 가장 빠른 것으로 나타나 일본 실업문제의 심각성이 적나라하게 드러났다.

그래서 나는 '포스트 재스민 혁명'을 완수하기 위해서는 코리아 테크를 무기 삼아 히티스테가 열어갈 중동시장에의 편승을 고려하는 시대를 지금으로 보고 있다. 이를 통해 업그레이드 코리아를 넘어 엑설런트 미들이스트에서 승자가 될 수 있다고 믿기 때문이다.

Chapter 9

정말 사랑해요! 그 영광

1. 아픔 속에서도 당신의 로망이 영글다

튀니지에서 발발한 '재스민 혁명'은 중동지역의 속살을 그대로 드러냈다. 암묵적인 각종 통계와 경제 실상이 고스란히 밝혀지고 있어 우리 모두를 소스라치게 놀라게 했다. 하긴 세계를 주름잡던 미국 CIA조차 미래 예측에 실패한 중동지역의 베일이 양파껍질 벗겨지듯 하나하나 제 모습을 보여주고 있어 전율(戰慄)이라는 수식어를 덧칠해도 무방할 터다. 그동안 서구인의 잣대로 풀 수 없는 정치·경제·종교·문화 등 전방위로 등장한 현안들이 이제부터 구각을 깨고 글로벌 스탠다드에 걸맞은 세계경제 질서에의 동참을 기대하게 되었다.

철옹성 같은 왕정이 흔들리고 있고 쿠데타로 집권한 절대 권력이 적게는 24년, 많게는 42년간 장기집권에 의해 부패하고 무능한 정부로 전락하는 가운데 각종 커넥션은 석유 이권에 얽혀 혼탁의 정치체제로 전락했다. 이 정치체제를 등에 업는 석유 메이커들과 합작해서 만든 경제·사회질서는 대강 두 가지 측면으로 구분된다. 개발경제학자들이 구체화시킨 내용이다. 산유국의 왕정과 공화정으로 이름만 단절대 권력은 '자원의 덫'으로 정했고 국민은 '빈곤의 늪'에 형극을 주목한 것이다.

'자원의 덫'과 '빈곤의 늪'으로 구분되는 중동경제와 중동사회에서 들불처럼 번지고 있는 민주화 요구는 끝이 아닌 이제 시작이라는 점에서는 어느 누구 하나 부정이나 의문을 제기하기 어렵다. 이제는 발전이냐, 아니면 후퇴냐 하는 기로에서 중동지역 국가들은 미래의 로망을 그리고 있다. 그 아픔 속에서도 그 많은 무슬림들은 쿠란의 역사를 기리면서 내일을 준비하고 있다.

◆ 자원의 덫과 빈곤의 늪이 있기 이전의 아랍 세계

무슬림들이 읽고 있는 이슬람의 경전인 쿠란을 적용해 보면 이슬람과 기독교의 역사를 유추할 수 있다. 9·11테러와 이스라엘과의 분쟁 등으로 서로 반목하는 것처럼 보이는 이 두 종교는 사실 뿌리는 같다. 흥미롭게도 양쪽 다 구약성경을 따른다는 점이다. 구약에 나오는 하나님과 천지창조, 에덴동산의 아담과 이브, 그리고 아브라함~이삭~야곱으로 이어지는 계보와 하나님의 약속을 양쪽 모두가 믿는다는 말이다. 쿠란에 등장하는 예언자 25명 가운데 21명이 성경에도 나오고 있다. 이슬람은 예수도 성인으로 여겨 존경한다. 다만 무슬림은 아브라함 몸종이 낳은 이스마엘 자손인 반면, 기독교와 유대교는 아브라함 부인이 낳은 이삭의 후손으로 여기는 게 다르다.

이렇게 공통점이 많다는 점을 들어 기독교와 이슬람을 '유일신을 믿는 종교'라는 범주로 함께 묶는다. 여러 신을 섬기는 불교와 힌두교는 '환생을 믿는 종교'로 분리하고 있다. 모두가 같은 조물주의 피조물이고 아브라함의 자손이라는 데 중동지역 분쟁은 권력자와 석유가 빚은 합작품으로서 아픔을 숙명처럼 머리에 이고 산다.

◆ 민족의 이름으로, 종교의 이름으로 살아가는 히티스테

미래의 중동시장을 이끌어 나갈 히티스테들에 대한 기대는 크게 두 가지다. 앞에서는 국가와 민초들을 개발경제학자의 주장인 '자원의 덫'과 국민(또는 민초)은 '빈곤의 늪'으로 구분했다면 히티스테의 기대는 '로망'과 '시장'이다. 여기서 로망은 자신의 철학과 정체성 확보일 것이고 시장은 중동지역 시장을 교두보로 삼아서 인류의 마지막 기회의 땅인 사하라사막 이남의 아프리카 대륙으로의 진출을 의미한다. 이를 위해서는 중동국가들이 함께 겪고 있는 분쟁의 씨앗에 대한 성찰이 필요하다. 이는 크게 아홉 가지로 구별할 수 있다.

하나, 절대적 왕정에 의한 통치자 정차체제다. 사우디아라비아와 쿠웨이트가 이 범주에 들어간다.

둘, 부족과 부족의 우위정취에 따른 분열이다. 지금 리비아의 정치 현실이 본보기다.

셋, 종교와 종교의 반목이다. 이슬람과 기독교가 공존하는 터키의 경우다.

넷, 종파의 싸움이다. 이란의 시아파와 사우디의 수니파의 구분에서 보듯이 세력의 확장은 중동국가들에 숙명이 되고 있어서다.

다섯, 여당과 야당의 정치적 갈등이 존재하는 나라들이다. 이집트의 경우다.

여섯, 외세에 대한 저항이다. 군사적 대처를 위해 주둔하는 미국과 나토의 경우까지 따져보면 외세의 비중은 상상을 초월할 수 있다. 이라크의 경우처럼 미완의 외세를 생각하면 파장은 그렇게 단순만은 아니다.

일곱, 기성세대와 히티스테의 반목이다. 기득권을 움켜쥐고 청년실업에 등을 돌리고, 그것도 부족해서 각종 규제를 만들고 있는 중동지역 국가들이 모두 해당한다.

여덟, 7개 토후국을 연합체로 구성하여 나라를 운영하는 형태다. 아랍에미리트연합(UAE)이 그렇다.

마지막 아홉, '국가의 덫'을 이루는 단초 제공의 석유 메이저에 의한 커넥션이 작동하는 경우다. 이로 인해 나라와 국민이 황폐된 중동 산유국 전체를 말한다.

결국 히티스테들은 아홉 가지 조건과 규제 속에서 자신의 정체성을 지켜야 하기 때문에 그들의 공통된 로망은 희생과 아픔을 전제해서 완수할 수밖에 없다.

2. 성공신화는 많아야 한다

스타의 세계는 항상 화제를 동반한다. 스포츠 세계가 그렇고 영화 세계가 그렇다. 그중에서도 매스컴 세계에서의 스타는 전 세계인에게 주목의 대상이 된다. 빅뉴스가 펼쳐지고 있는 중동지역에서 두드러진

현상이다. 급박하게 진행되는 지역 정세가 곧바로 매스컴을 타기 마련이라 세계의 눈과 귀를 모이게 한다. 이번 중동에 불고 있는 민주화 요구에서도 예외 없이 신화의 주인공이 등장했다. 하나가 아니라 두 사람의 앵커다.

하나는 크리스티안 아만투어(Christiane Amanpour) 미국 ABC방송 앵커이고, 다른 하나는 중동의 입으로 평가를 받고 있는 재키 롤러 알자지라 방송 앵커가 그 장본인들이다. 롤러 앵커는 카다피 리비아 국가원수가 사용하고 있는 지하벙커를 취재하여 히티스테의 로망이 되고 있다. 특히 아랍 세계의 미래를 열어 갈 히티스테들에게서 히잡을 벗어던질 알파걸들에게는 우상이 되었다. 트위터와 페이스북에 능숙한 청년여성층을 지칭한 알파걸에게는 재키 롤러의 당찬 모습에 자기를 투영하기를 서슴지 않고 있다. 매주 금요일 오후 모스크에서 예배를 마치고 나선 알파걸은 카이로 타흐리르 광장에서 축제의 모임을 즐긴다. 그냥 즐기려는 것이 아니라 포스트 무바라크에 대한 민주의 희망가를 과도정부의 주역인 이집트 군부까지 압박하는 수준으로 민간단체를 형성하고 있다.

카이로의 봄은 그렇게 진행되고 있고 이를 바라본 히티스테의 움직임도 가히 혁명적이다. 현재 중동지역 청년층이 그리고 있는 오늘의 스케치다. 이들의 눈과 머리에서 각인된 인물이 바로 재키 롤러이고 크리스티안 아만푸어다.

◆ 카다피 구축의 지하벙커 르포

지금까지 말로만 무성하던 카다티의 지하벙커가 공개된 것은 이번

이 처음이다. 알자지라 방송의 정보력이 돋보인 점은 이러한 빅뉴스를 세상에 드러내는 데 다른 방송매체를 앞지른 것이다. 그만큼 알자지라 방송은 중동지역의 CNN답게, 정보 동원력과 신속한 보도 능력이 방송신화의 주역 앵커에 의해 빛을 발하고 있다. 마치 현대 방송의 특종이 이런 것이라고 가르치듯 벙커의 위치와 운영, 그리고 실태를 적나라하게 드러낸 것이 시청자에게 독재의 광기를 그대로 전한 것과 마찬가지였다.

원만한 포격에도 견딜 바브 아지즈 요새에 구축한 카다피 전용 벙커는 호화스러움은 차치하도라도 발전전기 시설과 목욕탕 시설까지 완벽하게 갖추었다. 또한 이것 하나가 아닌 몇 개의 지하 벙커를 구축하고 있다는 재키 롤러의 멘트는 그야말로 천년 왕국을 방불케 했다. 카다피의 75분 광기어린 연설에 이어 발견된 벙커여서 절대 권력의 무한대가 어느 정도로 마감이 될 것인가를 되묻게 했다.

제키 롤러는 이를 통해 중동지역에서는 스타의 스타로서 성공적인 직업관을 갖춘 우리 시대의 주인공이자 주역이 되고 있다. 제키 롤러가 등장하는 장면마다 중동지역 시청자들은 손에 든 방송 리모컨이 그에 따라 움직일 정도로 신뢰와 인기에서 단연 톱클래스에 속하고 있다.

◆ 무바라크 이어 카다피도 그녀 입을 빌리고

2월 28일 미국 ABC방송 앵커인 크리스티안 아만푸어는 영국의 BBC와 공동으로 트리폴리 해변 레스토랑에서 무아마르 카다피 리비아 국가원수를 인터뷰했다. 보름 전에는 하야를 바로 앞둔 무바라크 이집트 대통령을 인터뷰해서 알자지라 방송 재키 롤러와 쌍벽을 이루면서 특종을 얻어냈다. 카다피는 인터뷰에서 "배신감을 느낀다"며 자신의 퇴진을 강하게 주장하는 서방 지도자를 강하게 비난했다. 버락 오바마 대통령에 대해서는 "좋은 사람이지만 잘못된 정보를 가지고 있는 것 같다"고 말했다.

아만푸어는 1979년 이슬람 혁명 때 아버지를 따라 이란을 탈출한 이란계 미국인이다. 페르시아어와 이슬람문화에 능통하다는 강점이 중동지역 방송취재에서 그의 실력이 십분 발휘되고 있다. 그는 2010년 27년간 몸담은 CNN를 사직하고 ABC방송으로 자리를 옮겨 '디스 위크(This Week)' 프로그램을 진행해 왔다. 1989년 동유럽을 휩쓴 민주화 바람을 취재하며 분쟁지역 취재기자로 주목을 받았다. 그리고 1990～1991년 걸프전쟁을 통해 스타로 부상했다.

이러한 이력과 자질에 의해 무바라크에 이어 카다피까지 인터뷰하는 데 성공했고 동시에 중동지역 분쟁이 진행되는 지역에는 어김없이 그의 등장과 활약이 화제의 중앙에 서 있다.

이를 지켜본 중동지역 알파걸에게는 선망의 대상이 되고 있고 그의 취재능력에 각종 고급정보가 줄을 이어감은 당연한 인과응보가 된다.

그 끝자락에 우리의 욕심은 두 가지로 요약된다. 하나는 성공신화는 많아야만 지구촌은 살기 좋은 세상으로 거듭날 수 있다는 믿음을 가지게 된다. 다른 하나는 최근 중동지역 알파걸은 트위터와 페이스북에 의해 미국의 실상과 야욕, 그리고 이집트와 사우디를 안고 가야 하는 당위성을 물론 미국이 가진 장점에 높은 점수를 주고 있다.

무작정 외세의 비난에 익숙한 그들이었지만 대학에서 직접 교수로부터 듣고 배운 가운데 장점과 단점, 과오와 과욕, 각종 군사지식까지 두루 섭렵해서 잘 알고 있다. 최근 나는 아부다비 칼리파대 학생인 필립 압둘라로부터 내기 미처 모르고 있는 미국의 정체성 상징인 '1달러의 가치'에 관한 이야기를 듣고 중동지역 대학생들에 사고와 성찰이 런던과 서울을 건너뛰어 미국을 지배국가가 아닌 함께 동반자 관계국가로 인지한 사실에 무척 놀랐다. 변화하고 발전하는 아부다비 칼리파대학생들의 실력과 국제적 감각이 이미 수준급으로 올라섰고 동시에 업그레이드가 진행되고 있음까지 새롭게 인지하게 했다.

스승이 제자에게 국제적 균형과 세계경제의 질서에 관해서 한 수 배울 수 있는 그야말로 주객이 전도된 정보의 교류가 자존심이 외출된 부끄러움을 넘어 어느새 그렇게 발전하고 있다는 점에 다시 필립 압둘라의 등을 도닥거려주게 했다.

3. 미국 1달러에 그려진 피라미드의 비밀

전 세계인에 눈과 귀가 쏠린 중동지역 도시국가 아부다비의 4월 날씨는 벌써 초여름이었다. 도시의 일상과 교통의 흐름은 분주함이 묻어 있어 예전과 별반 다름을 찾기가 어려웠다. 하등 변화의 바람은 일상 속에서 작동하지 않고 매스컴도 침묵하고 있었다. 다만 2학기가 시작된 대학 캠퍼스만이 학생들에 의해 삼삼오오 자리를 같이하고 있는 모습에 더 익숙해 있었다.

아라비아 海를 끼고 있는 산유국 통치자 그룹들은 재스민 열풍이 번지는 것을 막기 위해서 사실 확인 수준으로 모든 매스컴의 보도 기준을 세우고 있지만 TGiF 시대의 주인공인 히티스테와 대학생들은 알아야 할 것은 트위터와 페이스북에 의해 잘 알고 있었다. 다만 기성세대 그룹과 대학생 그룹의 생각의 불일치가 자연스럽게 진행되고 있음을 그들은 시인도 부인도 하지 않고 있음에 의해 속내를 드러내는 일을 기대한 내가 과욕을 부리는 형국이 된다.

하긴 세계 어느 나라든 기성세대는 변화 대신 안정을 찾고 신세대는 변화 속에서 시장(여기서는 취업)을 위한 자기 실력 쌓기가 명분이 된다고 인정해서 시각을 세우면 서로 다른 생각으로 재스민 혁명을 바라보고 있음을 알 수 있다. 미래의 중동시장을 열어가야 할 히티스테들은 자심감이 팽배했다. 1952년 가말 압델 나세르가 이집트 왕조를 몰아내고 중동지역에서 처음으로 혁명을 얻어낸 이후 60년 만에 혁명 대신 민주화의 봄을 볼 수 있다.

2010년 12월 이전의 정치체제와 경제질서는 시간의 흐름과 생각의 발전으로 통치자 그룹과 대학생 그룹에서 구별이 없이 중동국가의 새로운 시대에 걸맞은 정치개혁이 필요함을 절감하는 것에 동의한 몸짓이 역력했다. 여기에 그치지 않고 세계의 주목과 흐름에 대한 시각이 다변화되고 또 다양화 추구가 예사롭지도 않았다. 생각의 초점은 안과 밖으로 나누어서 정리된 분위기로 표출되기 시작했다. 중동지역의 눈과 귀의 알자리라방송이 미처 다루지 않는 부분은 영국 BBC방송과 프랑스 F2방송에 의해 정보부족을 보충받고 있다.

안의 현안은 이슬람 종파와 종파의 대결 구도에서 오는 갈등의 차이점과 계층 간 경제적 불균형 등에 대한 향배다. 밖은 미국에 대한 시각의 변화다. 알게 모르게 나세르 혁명 이후 60년 동안 미국이 중동지역에서 행한 정책들을 고스란히 숙지하고 있다는 점이다. 당근만 주면서 왕정이든 공화정이든 정치체제의 불간섭으로 일관한 내정 가이드라인의 의미도 잘 알고 있다.

전후 이라크 전쟁의 마무리를 통해 중동지역 관리(?)의 핵심이 석유와 무기판매에 커넥션으로 작동됨을 비롯하여 사우디아라비아의 감싸기가 이란의 견제용이라는 점을 유리알처럼 훤하게 꿰뚫고 있었다.

특히 오바마 미국 대통령이 대통령으로 당선된 배경에는 1977년부터 1990년 사이에 탄생한 와이(Y)세대의 선거동참과 동참배경이 있다. 미국 Y세대들은 오바마닷컴에 있던 멀티미디어 홍보물들을 자기 홈페이지에 퍼 날라 공론을 형성시키는 데 많은 시간을 할애했다. 이를 통해 비록 흑인이지만 버락 오바마를 미국 대통령으로 뽑자는 일에 앞장선 것에서도 높은 점수를 주고 있었다.

심지어는 미국이 9·11테러범 소탕으로 아프가니스탄 개입에 따른 전쟁비용에서 경제의 허리가 굽혀가고 있다는 점까지 두루두루 알고 있었다. 그 연장선상에서 미국 1달러짜리 지폐에 숨어 있는 비밀을 통해 중동지역 정책의 시시비비를 평가하는 잣대로 이해하는 부분은 퍽 신선한 충격이 되고 있다.

◆ 미화(美貨) 1달러와 피라미드

웬 뜬금없이 달러 이야기를 꺼내야 하는가? 왜 가당치 않게 중동지역에서 미국 지폐(紙幣) 이야기를 언급할까? 왜 흔하게 볼 수 없는 미화 1달러짜리를 화두로 삼을까? 이 세 가지 물음과 의아성은 혹시 지갑에서 1달러짜리 지폐가 있으면 꺼내서 보면 된다. 평소 무심하게 보고 외국 여행길에서 사용했던 1달러 지폐에는 몇 가지 숨겨진 히든 스토리가 알토란처럼 담겨 있다. 필립 압둘라가 내게 가르쳐준 그 비밀과의 회우도 가능하다.

미화 1달러 지폐의 앞면에는 조지 워싱턴 초대 대통령의 초상이 있다. 뒷면을 보면 오른쪽에는 독수리 문양이 있고 왼쪽에는 피라미드가 그려져 있다. "아니, 미국 지폐에 웬 피라미드가 있을까?" 하는 생각이 들지 않는가. 피라미드는 이집트에 있고 이집트는 지금 민주화 열기로 타흐리르 광장은 축제의 분위기로 들떠 있지 않은가? 이집트는 이슬람을 국교로 하고 있고 기독교 국가인 미국과 전혀 다르지 않은가? 미국은 중동평화(?)를 위해 매년 20억 달러 상당의 원조를 준 이집트라고 해서 이를 기리기 위해 피라미드를 새겨놓을 만큼 자선 국가는 아니지 않은가? 그렇다면 세계 7대 불가사의 가운데 오늘날까지 남아 있는 피라미드에 대한 경외감을 표시하는 것일까?

기원전 2000년경 10만 명 노예를 동원하여 30년간 돌을 쌓아 만든 피라미드는 로마의 베드로 대성당과 런던의 성 바울 대성당을 합한 것보다도 큰 피라미드 대역사가 미국 1달러짜리 지폐에 담겨져 있다. 가볍게 보아도 피라미드는 미국 민주주의 정신과 한참이나 배치된다. 노예의 노동력을 이용한 것도 전혀 당치 않는 연결이다. 더욱 놀라운 것은 피라미드 문양에 씨진 글씨다. 그것도 영어가 아니라 라틴어다. 'Annuit Coeptis Nuvus Ordo Seclorum'라는 문장이 나온다. 직역하면 '신세계 질서를 이룩함에 성공한다'쯤이다.

◆ 프랭클린 루스벨트의 열린 정책

현재 모양의 1달러 지폐를 만든 인물은 뉴딜정책으로 유명한 프랭

클린 루스벨트 대통령이다. 그는 1935년 대공황 시절 경제부흥을 바라는 뜻으로 1달러 지폐 뒷면에 피라미드를 넣으라고 지시했다. 피라미드는 옛날 미국 국새(나라 도장) 뒷면에 도입했던 것으로 경제적 부와 영원성을 상징한다. 그러나 현재의 미국 1달러 지폐에서 피라미드는 13층 높이로 잘려 있고 그 위에 광채를 발하는 눈이 있는 미완성 모양으로 그려져 있다. 이것은 미국이 그토록 염원한 영구적인 경제성장을 기원하는 의미이다.

더 자세하게 들여다보면 피라미드 아래에는 'MDCCLXXVI'라는 글씨가 보인다. 로마자로 1776을 표시한 것이다. 미국이 독립한 해인 1776년을 기리고 동시에 앞면에는 초대 조지 워싱턴이 있다는 점에서 미국 독립에 대한 기념비적 지폐의 도안이 되었다. 따라서 미국은 1935년 이래 77년 동안 국부(國富)를 증진시키기 위해 비록 남의 나라 건축물이지만 기꺼이 받아들이는 정신을 그대로 드러낸 것으로 풀이할 수 있다. 거듭 주문하지만 이제 한국도 중동지역에서 승자가 되기 위해서는 업그레이드 코리아를 넘어 엑설런트 미들이스트까지 보듬는 일을 통해 히티스테가 열려는 시장과의 동행을 재차 주문하라고 하고 싶다.

4. 배부른 한국, 한국의 배고픔

최근 중동지역에서는 코리아 배싱(한국 때리기: Korea bashing)이 일고 있다. 믿기지 힘들겠지만 진실게임의 현주소다. 대다수 중동지역 국가가 내린 국론의 현주소다. 이게 차이나 배싱과 맞물려 쉽게 가라앉을 일이 아님이 어려 곳에서 감지되고 있다. 특히 서방 언론과 일본 언론에 의해 조장된 한국과 중국 때리기라고 스스로 자위해도 두 나라의 중동정책은 너무나 근시안적인 접근이었고, 전근대적인 수익구조에서 기인된 자충수로 작용한 결과다. 한국은 중동과 함께 가는 열린 정책의 부재가 원인이라면 중국은 인민은행에 쌓인 천문학적인 국부를 통해 아프리카 자원외교에 노골적으로 집착함에 대한 반대급부다.

이번 리비아 시위에서 보듯 중국은 리비아에서 사단 병력에 달하는 노무인력을 투입했었음이 여실하게 드러났다. 의문은 있지만 물증이 나오지 않는 형사사건처럼 중국의 리비아 건설시장 진출 현황은 짐작은 갈 뿐 실체파악이 어려웠지만 이번 리비아 시위로 그 윤곽이 드러났다. 리비아를 포함한 마그레브 지역은 중국 원유 수입 가운데 대부분을 차지하고 있어 상대적으로 많은 공사수주가 있었던 것도 사실이다.

리비아만 하더라도 중국의 북아프리카 내 최대 동맹국 중 하나였다. 미완성 공사건설에 대한 리스트를 보면 약 180억 달러에 달하고 있다. 중국 철도공사가 수주한 튀니지로 시작해 리비아를 거쳐 이집트에 이르는 프로젝트가 손을 놓고 있다. 리비아 벵가지에 구축하고 있는 부동산개발도 미궁에 빠졌다. 그동안 카다피가 이끌고 있는 '무간섭주의’를 접고 이제는 손실을 축소화할 외교노선에 중국은 미국 측 지지로 돌아서고 있다. 반면 한국은 24개 기업이 리비아 건설시장에 진출하였으나 이번 시위로 80억 달러 상당이 공사에 차질을 보이고 있다.

◆ 목숨까지 걸고 있는 79명의 한국 건설인력

리비아 사태가 장기화되면서 한국 건설인력 1,500명은 신변안전을 위해 거의가 철수를 감행했다. 하지만 현대건설은 걸프전쟁 당시 철수하면서 이라크 정부로부터 11억 달러 공사 대금을 받지 못한 전례 때문에 꼭 필요한 인력 79명을 남겼다. 공사현장을 포기하면 시설이 파괴되고 장비까지 도난이 겹치면서 그 손실은 고스란히 수주사가 맡게 된다. 이렇게 목숨까지 담보해서 중동지역 건설공사 현장을 지키고 있는 현실이 무의미해지고 코리아 배싱까지 당한다면 이게 정상은 아닐 터다. 역사에서 ‘만약에’가 통용이 된다면 이들에게 근로정신은 알자지라 방송국 프로듀서를 통해 성공신화의 소재가 되고 남는다.

이러한 매스컴 동원은 ‘포스트 재스민 혁명’에서 큰 자산이고 코리아 배싱을 치료하는 약이 된다. 다시 ‘만약에’를 도입해 보면 이런 방송소재가 많으면 많을수록 코리아 배싱을 잠재우고 동시에 ‘코리아 피버(Korea fever)’로서 중동지역 시청자에게 감동의 누선까지 자극하게 될 터다. 방송미디어의 위력에다 코리아 피플 감동을 접목시킨 방송물은 곧 중동판 한류(韓流)가 된다. 한류를 멀리서 찾기 때문에 중동지역의 한류는 ‘겨울 연가’와 ‘대장금’으로 국한되어 있음에서 탈피해야 한다.

◆ 컨트롤 타워 구축하기

코리아 배싱을 잠재우는 또 다른 일은 공적개발원조(ODA)에서 찾아야 한다. 국회예산정책처가 발표한 자료 'ODA 사업평가 보고서'에 따르면 2010년 현재 한국 정부가 벌이고 있는 ODA 사업은 100여 국가에 1,073개에 이른다. 예산 규모는 10억 달러로 집계되어 있다. 하지만 나라 밖에서 보면 ODA 사업 내용에 수술의 부분이 계속 드러나고 있다. 정책의 난맥상이 재탕과 삼탕으로 확대되는 것에 대한 기우가 많아지고 있다.

우선 부처 간 겹치기를 비롯하여 사업 편중 현상을 보여 원조 효과가 떨어진 게 사실이다. 이를 시정하는 차원에서 범 정부차원의 컨트롤 타워가 절실하다. 예컨대 라오스 교과서 사업도 좋다. 에티오피아의 가족계획운동도 좋다. 필리핀의 미곡종합처리장(RPC) 사업도 매우 좋다. 하지만 중동판 ODA는 만들어주고 지어주는 일에서 보다 차원이 높은 히티스테 지향의 소프트웨어 기술제작 지원에서부터 챙겨야 한다. 이게 '되돌려줘야 한다'는 기본 목적에 부합된 한국형 ODA의 본질이고, 미래의 기본 틀에 속한다.

◆ 태부족인 중동전문가의 양성

한국 정부는 외교전문가 양성에서 지금까지는 제너럴리스트(Generalist)를 만드는 일에 초점을 맞춰 왔다. 그러다 보니 중동과 아프리카를 관장하는 아·중동국장이 이 지역에 한 번도 근무하지 않는 것은 물론이고 여행조차 제대로 해보지 않는 사람들이 임명되는 우스꽝스러운 일이 두어 번 있었다. 미국의 라이스 전 국무장관은 2006년 9월 미국의 직업 외교관들은 최소한 선진국과 후진국 각각 한 나라의 전문지식을 갖추어야 한다고 역설했다. 한국 특수 언어 전문가들을 특채해 해당 지역에 근무시킴으로써 전문가를 양성하려고 애써 왔다. 이들은 나름의 역할을 해왔었지만 외교부 내 의사 결정에 주도적 역할을 할 수 있었을까? 시의적절한 정책을 개진할 수 있었을까? 무엇보다 숫자가 매우 적다.

차제에 미국과 중국 등 편중된 외무 공무원을 중동지역으로 분할시키는 제도적 장치 마련이 시급하다. 비록 아웃사이더인 나도 '걸(乞)! 기대해 본다'에 목소리를 섞고 싶다.

◆ 배부른 한국, 한국의 배고픔

최근 한국 국회는 이슬람채권법인 수쿠크법이 초미의 관심사로 대두되고 있다. 2년째 국회통과를 설왕설래가 계속되고 있다. 한마디로 배부른 탁상공론이다. 목숨을 건 79명의 중동 리비아 건설사 직원을 생각하면 역설적으로 한국은 금모으기 운동을 펴야 했던 IMF외환위기를 다시 겪어야 한다.

최근 국제 유가 급등으로 3년 전 세계경제를 위기로 몰아갔던 '수퍼 스파이크(Super Spike)' 가능성까지 제기되는 상황임을 외면하고 있다. 2004년까지만 해도 100억 달러를 밑돌던 수쿠크 발행 규모가 2010년 한 해 동안 524억 달러에 달할 만큼 급신장을 보이고 있다. 말레이시아가 우등국가로 진입한 데 있어서 밑거름에는 수쿠크 운영에 큰 힘을 얻고 있음을 직시해야 한다.

배부른 한국 국회는 이를 외면하고 '수쿠크 = 9·11테러 자금화'로만 인지한 인식과 시각은 배부름의 극치다. 지금은 중동지역이 국가와 국가, 부족과 부족, 종파와 종파 간 기성세대의 안주와 히티스테의 민주화 요구 사이에서 방황하고 있지만 이 지역의 위정자들은 다시 정신을 차리고 국가재건에 나설 것이 예상된다. 지금보다 더 많은 사회간접자본 투자와 민생에 대한 지원책, 그리고 개인 부정축재에서 탈피해 민초의 목소리를 외면한다면 그 영광과 그 권위는 이제 보장받을 수 없다는 데 동의하고 있다. 사우디아라비아와 쿠웨이트, 그리고 요르단이 그렇다. 지금의 '재스민 혁명'을 반면교사로 삼고 있기 때문이다.

5. 아부다비에 한국 플랜트산업의 신화를 심고 있는 루와이스(Ruwais) 공단과 브라카 원자력발전소

어제의 오늘이, 다시 오늘의 내일이 일상(日常)을 채운다. 이러한 반복을 통해 경제주체들은 개인의 삶과 국가의 미래를 함께 운영하고 있다. 경제학자들이 자주 쓰는 라이프스타일 변화(소비자)와 소득과 이익(기업)을 챙기고, 다시 성장과 분배(국가)도 여기에서 빛을 발한다. 이를 우리는 선순환적 연결고리로서 그 가치를 인정해준다. 이런 선문답식 경제 포트폴리오는 미나지역 시장에서 한국이 승자가 되기 위한 첫 번째 필요조건이 될 수 있다. 흥미만점이게도 중동지역 도시국가 아부다비에서 그 단편적인 결과가 현실로 드러나고 있다.

아부다비 도심에서 자동차로 2시간을 달리다 보면 사막이라는 흔적을 감춘 현대적인 석유 플랜트공장이 즐비한 루와이스(Ruwais) 공단에 이른다. 그리고 다시 자동차로 30분쯤 달리면 가히 역사적 현장인 브라카 원자력발전소 단지에 다다를 수 있다. 수식어 '가히'를 빌려 써도 좋을 만큼 한국 건국 이래 최대의 해외 플랜트산업으로 평가를 받는 아부다비 원자력발전소 건설 현장이기 때문이다.

지난 2009년 12월 27일 이명박 대통령과 칼리파 UAE 대통령 사이에 체결된 원자력발전소 계약이 470일 동안 실무차원의 준비관계를 거쳐 지난 2011년 3월 13일 기공식을 가졌다. 지금과 같은 속도와 업무가 진행되면 발전소 본격 공사는 올해 7월에는 첫 삽질을 지켜보게 된다. 이를 통해 아부다비 도심에서 330km 떨어진 아부다비 서쪽 해안 브라카에서의 원전 기공식은 많은 교훈을 남겼다. 여기서 얻어낸 교훈은 아부다비 원전 수주 이후 한국이 받았던 대차대조표에 대한 성적표다.

결론부터 말하자면 아부다비 원전 수주 이후 단 한 건의 추가 수주가 없었다는 점은 무엇을 의미하는가? 이 대목은 업그레이드 코리아에서 엑설런트 미들이스트로 가는 길목을 통과하는 열쇠가 도사리고 있다. 1조 달러 무역시대를 구가하려던 배부른 한국은 일찍이 축배의 샴페인을 터뜨렸고, 여기에 취한 사이에 원전 수주에 탈락한 경쟁상대국은 자신의 실패를 거울 삼아 '타도 한국'을 외치고 있다. 그 대표주가 바로 프랑스와 일본이다. 이게 너 죽고 나 살자는 일이 다반사로 벌어지면서 생긴 세계경제 질서가 만든 경제지형이 되고 말았다. 먼 과거가 아닌 2011년에 일어난 일이다. 하지만 르와이스 공단은 밤에도 대낮처럼 불을 밝히고 있고 함께 켜 있는 가로등은 불야성을 이루고 있다. 하루 230만 배럴 원유를 정제하는 정유단지답게 아라비아 *海* 기적이 작동하는 곳이다.

이 정유단지에는 한국건설업체들이 지금도 증축공사에 참가하고 있다. 추가 수주 금액도 10억 달러가 넘는 해외 플랜트 프로젝트다. 이제 브라카에서는 루와이스 정유단지를 뛰어넘은 원자력발전소 2기(基) 건설공사가 진행된다. 그리고 완공과 함께 20년 동안 원료 제공과 함께 운영을 도맡는다. 남은 추가 2기까지 계산하면 26년의 긴 기간에 걸쳐 코리아 빅게임이 펼쳐지게 되었다.

루와이스와 브라카에 세울 한국의 해외 플랜트와 원자력발전소 4기 공사는 그래서 코리아 업그레이들 넘어 엑설런트 미들이스트까지 바라보는 실증단지가 되고 있다. 어디 이것뿐인가. 루와이스와 브라카를 잇는 중간 지점에서 세계 77위인 한국석유공사는 2014년부터 글로벌 석유 메이저들과 당당하게 유전개발의 한판 진검승부가 벌어진다.

다음 장에서 자세하게 언급하겠지만 실라에서 원전 기공식이 있는 바로 그날 오후 아부다비의 알무슈리프 궁(宮)에서는 10억 배럴에 달하는 유전개발권 참여에 관한 약해각서(MOU)가 성사되었기 때문이다.

◆ 한국은 친구를 버리지 않았다

이러한 역사적 교훈에는 2011년 3월 2일 지구 반 바퀴를 돌아 리비아의 건설 현장인 미스라타와 수르테에서 실제상황으로 재연되었다. 리비아에 진출한 대우건설은 60억 원 이상의 돈을 들여 고용한 외국 공사인부를 한국 건설기술자와 함께 리비아 트리폴리 시위사태를 피해 수송선에 태웠다. 급하게 용선한 그리스 국적 선박 로도스호에는 한국 건설기술자 164명과 외국 공사인부 2,058명 등 총 2,772명을 태워서 그리스 피레에프스 항구로 대피시켰다. 인도를 비롯한 이집트와 말레이시아인으로 구성된 외국 공사인부는 대우건설이 제공한 항공권으로 그들 고향으로 돌아갔다. 현대건설도 여객선 2척을 용선하여 스루테에서 730여 명(한국인 94명 포함)을 승선시켜 그리스로 대피시켰다. 리비아에 진출한 외국 건설사는 자국인만을 빼가면서 제3국 근로자까지 챙기는 업체는 단 하나, 한국 건설업체뿐이다. 위험한 상황일수록 빛을 바라는 '한 가족' 의식은 '한국 건설의 원동력'이 되고 있다. 실라의 원전건설의 신화가 이런 데서 비롯됨을 직시해야 한다.

하긴 2003년 미군이 쿠웨이트를 침공한 이라크 군대를 폭격할 때 SK건설은 전세기를 동원해 3국 근로자를 안전지대로 대피시키는 전례도 있었다. 이때 감명을 받은 근로자들은 전쟁이 끝나지 않았는데도 스스로 복귀해 수주한 공사를 제때 마칠 수 있었다. 이를 기억하고 인지한 교훈을 통해 리비아 공사현장을 지키고 있는 79명의 한국 건설사 역군들의 사명감은 한 편의 교훈적 감동드라마가 되고 있다. 그래서 우리 모두는 지금과 같은 고유가 행진에 신음하고 있지만 '쨍하고 해가 뜨는 가까운 내일'에는 이것마저 아련한 추억으로 남을 공산이 갈수록 커져가고 있다.

6. 글로벌 메이저로 가는 한국 유전개발

향후 히티스테와 함께 열어갈 중동지역 시장(市場)에서 코리아 파워는 '정말 사랑해요! 그 영광'답게 석유 유전개발을 통한 글로벌 메이저로 가는 길에서 판가름이 나게 되었다. 우선 석유가 생산되는 중동지역의 바다와 사막은 철옹성이나 마찬가지다. 중동 모래벽은 너무나 높은 성역이었다. 대부분의 유전개발권은 국가가 직접 관리하고 있고 이를 통해 엑손모빌과 BP 등이 득세하는 글로벌 메이저들에 장터였다. 이를 뚫고 중동지역에서 직접 유전개발에 참여하는 것은 마치 골리앗과 다윗의 싸움이나 진배가 없다. 이를 코리아 파워가 불가능에서 가능하게끔 신고식을 마쳤다.

◆ 아부다비 유전개발 양해각서는 아부다비 알무슈리프 궁(宮)에서

일자: 2011년 3월 13일

장소: 중동지역 도시국가 아부다비 시내 알무슈리프 궁(宮)

이날 이명박 대통령과 칼리파 대통령은 양국 석유공사 사장들 사이에서 맺어지고 있는 양해각서(MOU)를 지켜보고 있었다. 이를 아부다비 신문매체 '더내셔널'의 탐신 카라이슬(Tamsin Carlisle) 기자는 이렇게 헤드라인을 뽑았다.

'South Korea Strikes deal for billion barrels of oil(한국은 10억 배럴의 석유개발에 참여).'

카라이슬 기자는 석유개발 참여로 표현했지만 자원빈국 한국의 입장에서는 동네 축구가 월드컵 4강에 가서 붙겠다는 것과 비교가 된다.

중동 산유국들은 석유를 생명줄처럼 관리했다. 1970년대 오일쇼크이후 중동 국가들은 유전을 장악한 석유 메이저들을 쫓아내고 국유화했다. 다만 석유 개발에 필요한 자금과 기술의 부족분을 글로벌 메이저에게 위탁형식으로 유전개발권을 넘겨주고 있다. 이 틈새에서 코

리아 파워는 38년 만에 그 문을 열게 되었다. 2009년 성사된 원전 수출계약을 맺으면서 다져놓은 관계가 이 틈을 헤집고 들어가는 데 좋은 무기가 되었다. 원전 수출 계약이 타결된 이후 양국은 서로 고위급 경제사절단을 보내고 동시에 산업협력에도 속도를 내왔었다. 특히 아부다비 정부가 관심을 보이는 조선과 플랜트, 반도체와 신재생에너지 등에서 코리아 테크를 보유한 점이 큰 도움이 되었다.

이명박 대통령은 서명식에 이어 인터컨티넨탈호텔에서 가진 국내외 언론사 인터뷰에서 "단순히 유전 지분을 얻는 데 그치지 않고 100년간의 경제협력 동반자 관계를 향해 가는 새로운 여정의 출발이다"라고 의미를 부여했다.

◆ 한국은 다섯 번째 아부다비 유전개발 참여국가로 등극

이번에 한국이 아부다비에 확보한 유전은 두 가지 형태다. 하나는 향후 최소 10억 배럴 이상(가치매장량 기준) 대형 생산 유전에 참여하는 권리이다. 다른 하나는 3개 미개발 유전광구 광권(鑛權)에 대한 독점관리를 덤으로 얻게 되었다. 이 10억 배럴은 현재 유가로 계산하면 130조 원에 달한다.

우선 10억 배럴 이상 생산 유전에 대한 참여는 한국 유전개발사에서 전무후무한 기록이다. 10억 배럴은 2010년 한국의 전채 소비량인 7억 9,500만 배럴보다 2억 배럴 이상 많은 규모다. 따라서 한국의 자주개발률은 크게 향상될 수 있다. 2007년 4.2%에서 2010년에는 10.8%에 달했지만 이번 아부다비와의 유전개발이 가시화되면 15.0%로 크게 오르게 된다. 이 점이 바로 업그레이드 코리아를 넘어 미들이스트

로 가는 절대적 충분조건이 되고 있다.

희망의 2011년을 힘차게 열고 있는 한국은 이제 아부다비에서 부라카의 원자력발전소 첫 삽질과 함께 글로벌 석유 메이저와 어깨를 함께 겨눌 수 있는 유전개발권 참여는 가히 역사적 기록이 된다. 한국경제에게 발전적 큰 획을 긋게 되고 있음을 의미하기도 한다. 자원빈국 한국이 이제부터는 자원부국을 꿈꾸는 첫 번째 기록이 중동국가 산유국 아부다비에서 현실화로 우리를 향해 미소를 짓고 있다. 인천과 아부다비를 잇는 에티하드항공의 승무원의 미소를 그대로 닮아서 말이다.

이제 남은 과제는 동네 축구가 월드컵 4강에 가서 한판 붙겠다는 각오로 국력을 모아 전력투구한다면 그렇게 무모하게나 불확실성에서 낮은 확률은 아닐 터다. 왜냐하면 히티스테와 함께 열어갈 시장은 중동국가들을 넘어 검은 대륙 아프리카로 향하는 교두보 확보까지 아우르는 손짓이 있어서다. 이를 통해 검은 대륙 아프리카 거대시장의 진출이 한결 가깝고 동시에 기대감에 주목할 이유이기도 하다.

나가는 글

이 원고를 출판사에 넘기는 날 오후 늦게 나는 한 편의 영화를 보고 있었다. 서울 시내 개봉관 영화가 아니라 흘러간 옛날 영화였다. 동네 비디오가게에서 빌려 보는 영화이기에 애착을 가지고 보았다. 영화는 1989년 롭 라이너 감독의 <해리가 샐리를 만났을 때(When Harry met Sally)>다. 맥 라이언과 빌리 크리스탈이 주연한 작품으로 미국 영화답게 해피엔딩이라 즐거웠다.

그냥 즐거웠다고 했지만 두 가지 측면에서 기억하는 영화로 내게 다가왔다. 본문에서 언급한 대로 미화 1달러 지폐의 비밀을 가르쳐준 칼리파대학 필립 압둘라가 즐겨보는 영화이기 때문이다. 비록 나처럼 DVD로 편집된 영화를 감상하듯 압둘라는 여주인공 맥 라이언의 팬이다. 그녀가 출연한 영화는 거의 다보고 있다. 그리고 내게 소개한 영화가 바로 <해리가…>이다. 다른 하나는 해리가 샐리를 만나는 일에서 지나간 내 청춘의 싱그러운 만남이 아련한 추억으로 다가오고 있어서다.

◆ 혁명의 금요일·분노의 금요일·피의 금요일

중동지역에서 금요일은 한국의 일요일에 해당한다. 이들이 믿는 이슬람의 주일이기 때문에 무슬림들은 대부분 낮 12시에 예배를 드리고 나서 끼리끼리 모여 일주일 동안 만남을 기대하고 또 기다리곤 한다. 이집트 혁명의 영웅 가말 나세르가 이루어낸 60년 이후 처음으로 왕정을 타파하고 혁명의 참맛을 다시 알게 된 아랍인들은 다시 광장에 모이기 시작했다. 아무리 독재자라고 해도 신성한 예배가 열리는 금요일 오후의 모임은 막을 재간이 없다. 종교를 장기집권의 도구로 사용했던 독재자들에 정치적 술수가 도리어 족쇄가 되어버린 것이다.

2011년 1월의 튀니지의 봄을 비롯하여 카이로의 타흐리르 광장에서의 아랍의 봄도 모두가 금요일의 만남에서 민주화 열기에 기름을 붓게 했다. 이러한 종교적 만남을 통해 히티스테들은 자기 목소리를 내고 이를 달성하기 위해 광장에 모여든다.

기성세대와 기득권층의 득세로 제대로 된 일자리를 얻지 못하고 거리와 광장을 배회하던 히티스테들은 자연스럽게 위정자에게 목소리를 높이게 되었다. 불만으로 가득 찬 이들은 변화를 두려워하지 않는다. 이집트와 리비아 인구의 절반이 25세 이하다. 튀니지의 25세 이하 인구 비중도 40%를 웃돌고 있다. 이 비율에서 50~60%에 이르는 아랍 국가들이 수두룩하다. 바로 이 때문에 히티스테들은 기존 체제를 무너뜨리는 데 앞장섰다. 독재자들이 뒤늦게 이들을 달래는 이유도 여기에 있다.

◆ TGiF 시대의 수혜자

최근 히티스테들은 대학교육을 마친 신세대들이라 자연스럽게

‘TGiF 시대’의 수혜자답게 페이스북과 트위터를 능숙하게 활용하고 있다. 여기서 독재자의 부패와 무능, 그리고 부정축재의 규모를 가늠하게 된다. 이를테면 위키리크스가 공개한 자료까지 섭렵해서 튀니지의 벤 알리 재산은 9조 원, 이집트의 무바라크는 77조 원, 그리고 리비아의 카다피는 170조 원이라는 등의 통계수치에 격변(激變)의 눈을 뜨게 했다. 여기에서는 이집트의 구글 매니저 와엘 고 님과 리비아의 민주화 영웅 파티 테르빌 변호사의 옥중투쟁은 그들에게는 곧 희망의 대상이고 동시에 민주화의 기대주가 되었다. 하긴 필립 압둘라가 맥 라이언의 팬임을 자랑스럽게 생각하고 이를 통해 미래의 로망을 설계하듯 나 역시 모처럼의 망중한(忙中閑)을 즐기듯 동네 비디오가게의 신세를 지고 있는지 모른다.

물론 로저 코언 뉴욕타임스 칼럼니스트는 최근 중동지역에서 들불처럼 번지고 있는 민주화 혁명을 지켜보면서 “미국이나 유럽은 아랍인들의 자유에 전혀 신경을 쓰지 않았다. 그런데 이제 와서 그들을 돕는다며 군대를 보낸다는 건 말이 안 된다. 왜냐하면 서방은 도덕적 파산상태이기 때문이다”라는 직언(直言)이 마치 맥 라이언이 빌리 크리스탈에게 독선을 꾸짖는 대목과 너무나 일치하고 있어서다.

강남규(2011). '야마니 학습효과와 증산 외치는 알나이미'. <중앙일보>. 6.7.
김상우(2009). '한국형 전자정부 아프리카에 심는다'. <중앙일보>. 9.2.
김수헌(2007). '폭발하는 수쿠크 시장'. <한국경제>. 1.31.
김정명(2011). '중동의 잠 깨우고…'. <시사저널>. 3.8.
민동용(2011). '카다피家 재산 최대 170조원'. <동아일보>. 2.28.
박승희(2011). '클린턴 안보는 경제 클릭으로 이동'. <중앙일보>. 10.19.
박수진(2011). '이슬람 금융, 이자 금지가 원칙'. <조선일보>. 3.12.
박종세(2007). '우리가 알아온 알자지라는 틀렸다'. <조선일보>. 11.17.
박찬진(2011). '中東 전문가 없는 對중동 외교'. <매일경제>. 3.2.
안정훈(2011). '민심수습용 중동판 마셜플랜 나온다'. <매일경제>. 3.5.
윤주헌(2011). '말나위의 나이팅게일'. <조선일보>. 2.26.
이진명(2011). '터키, 원전건설 한국 참여를'. <매일경제>. 11.5.
인남식(2008). '중동을 이웃으로 사귀는 법'. <동아일보>. 2.2.
임은모(2010). '부국으로 성장하는 한국 원자력'. <원자력문화>. 7 · 8월호.
임은모(2011). 『아부다비투자청 대해부』. 한국학술정보(주).
이종화(2006). '이슬람 문명과 도시'. <서울신문>. 8.29.
이현정(2010). 'GCC 은행산업의 현황과 과제'. <해외경제>. 12월호. 한국수출
　　　　입은행.
임성현(2011). '해외 플랜트 이젠 내실이다'. <매일경제>. 2.14.
정동욱(2011). '138조 리비아 재건 선점은 이제부터 글로벌 이권전쟁'. <매일경제>.
　　　　10.22.
장용승(2011). '5분의 1 토막 해외건설 수주 비상'. <매일경제>. 3.2.
차경진(2006). 『이슬람 금융 개요』. 해외경제연구소.
최용성(2010). '동유럽 신재생에너지 시장 선점'. <매일경제>. 12. 15.
최인준(2011). '졸업 후도 문제다'. <동아일보>. 3.2.
한국수출입은행(2011). 『세계국가편람』.

한국이슬람교중앙회(2006). 『이슬람은?』.
한국정보사회진흥원(2010). 『전자정부 로드맵 성과』.
KOTRA(2011). 'MENA 민주화 사태 150일, 시장 변화와 전망'. 6.3.
Owen Matthews(2011), '중동 이슬람 혁신에 터키식 성공 모델 눈에 띄네'. <뉴
    스위크>. 3.9.

1281~1924	오스만튀르크제국 (터키+발칸+아랍국가)
1798	나폴레옹 이집트 점령
1830	프랑스 알제리 점령
1839	영국 아덴 점령(사우디반도)
1869	수에즈 운하 개통(이집트)
1881	프랑스 튀니지 점령
1882	영국 이집트 보호령
1889	영국 수단 점령
1912	프랑스 모로코 점령
1912	이탈리아 리비아 점령
1915	영국, 프랑스, 오스만제국 근동지역 해제(시라아, 레바논, 이라크 등)
1914~1918	제1차 세계 대전
1922	이집트 독립 1945년까지 영국군 주둔
1932	이라크 독립
1939~1945	제2차 세계대전
1946	요르단, 시리아 독립
1948	제1차 중동전쟁 (이스라엘 대 아랍국가)
1951	리비아 독립 제2차 세계대전 중 영국 식민지로
1952	나세르 쿠데타(이집트)
1955	모로코 독립
1956	이집트 수에즈 운하 국유화 제2차 중동전쟁
1956	수단 독립
1960	말리, 니제르, 차드, 세네갈, 나이지리아 독립
1962	알제리 독립
1967	제3차 중동전쟁(6일 전쟁)
1970	시다트 집권(이집트)
1972	카다피 쿠데타(리비아)
1973	제4차 중동전쟁(용키푸르전쟁)
1979	이란 회교 혁명
1981	무바라크 부데타(이집트)

* ( ) 안문지역

임은모

광고평론가
한국문화콘텐츠학회 부회장
Al Ahmed Green Forum 공동대표
한일마케팅포럼 기획위원
한세대학교 광고홍보과 겸임교수 역임

『Global Green Growth Report』(2011)
『아부다비 투자청 대해부』(2011)
『스위트 그린머니』(2010)
『그린에너지 원자력』(2010)
『탄소제로도시 마스다르의 도전』(2009)
『아부다비의 힘』(2009)
『글로벌 그린마켓 승자의 길』(2009)
『글로벌 브랜드 두바이』(2007)
『문화 콘텐츠 비즈니스론』(2003)
『디지털 콘텐츠 입문론』(2002)
『모바일 콘텐츠 게임 개발론』(2002)
『짐 클라크의 수익모델 엿보기』(2001)
『취해도 광고는 바로간다』(1995)
『성공기업 광고전략』(1992)

「광고전략에서 케이스스터디 영역과 역할에 관한 연구」(1997)
「모바일콘텐츠에서 기술적 특성과 게임프로듀싱에 관한 연구」(2000)

월간 <팝사인> 광고칼럼 연재
월간 <디지털콘텐츠> 콘텐츠개론 연재
브레이크 뉴스(www.breaknews.com) '아부다비 通信' 연재

'탄소제로도시 마스다르의 도전' 강연
'중동시장에서 국부창조(國富創造)의 지름길' 강연

다시 주목받고 있는

MENA Market

중동의 요동치는 **민주화 열풍**에서
코리아 마케팅까지

초판인쇄 | 2012년 1월 27일
초판발형 | 2012년 1월 27일

지 은 이 | 임은모
펴 낸 이 | 채종준
펴 낸 곳 | 한국학술정보㈜
주   소 | 경기도 파주시 문발동 파주출판문화정보산업단지 513-5
전   화 | 031) 908-3181(대표)
팩   스 | 031) 908-3189
홈페이지 | http://ebook.kstudy.com
E-mail | 출판사업부 publish@kstudy.com
등   록 | 제일산-115호(2000. 6. 19)

ISBN   978-89-268-2993-6 03320 (Paper Book)
          978-89-268-2994-3 08320 (e-Book)

이담 Books 는 한국학술정보㈜의 지식실용서 브랜드입니다.